怨霊黙示録

九州一の怪談

菱井十拳 著

竹書房文庫

※本書に登場する人物名は、歴史上に実在したものとして伝承されている人物の実名及び、歴史的資料の作者筆名です。先行する歴史研究資料等に基づき極力正確な表記を心がけていますが、一部、表記困難なため新字に置き換えている箇所があります。また、作中に登場する歴史的資料からの引用内容などは、発表当時のものを可能な限りそのまま掲載しています。これらは現代に於いては若干耳慣れない言葉・表現である場合がありますが、差別・侮蔑を意図する考えに基づくものではありません。

イラスト／エザキリカ

はじめに

二〇一七年七月九日、ユネスコ第四十一回世界遺産委員会は「『神宿る島』宗像《むなかた》・沖ノ島と関連遺産群」を審議し、基準を満たしているとして正式に世界遺産リストへ登録した。

これは、福岡県の宗像市及び福津市内にある宗像三女神信仰、主に宗像大社関連の史跡と、その大宮司家「宗像氏」に纏わる文化財を対象としたものである。

特に「海の正倉院」として数々の貴重な出土品をもたらした宗像大社沖津宮《おきつぐう》「沖ノ島」はその選定に当たって目玉として機能した。

国宝にもなっているおよそ八万点に及ぶその出土品群があまりにも圧倒的であり、委員の誰もこれについては異議を唱えなかった。

登録後には新聞・テレビなどでも出土品群の話題が中心に特集が組まれ、目にされた方も多いのではないだろうか。それらの番組などは、大抵が古代祭祀や宗像大社信仰の起源について考察された内容だったように思う。

だが、宗像大社中津宮《なかつぐう》本殿や辺津宮《へつぐう》本殿を造営した宗像氏貞《うじさだ》の名を目にすることはあっても、この宗像氏貞が何者であるのか、また宗像大宮司家とはどういうものであったのか等に触れられることは、まずなかったのではないかと思われる。

特に宗像氏貞の時代には、毛利元就《もうりもとなり》、大友宗麟《そうりん》、豊臣秀吉等の綺羅《きら》星のごとき戦国の英雄

はじめに

達がこの地を巡って陰謀を巡らせているのだが、そのことに触れられることも寡聞にして聞かない。

宗像大宮司家はこの時代には完全に戦国大名と化しており、素材だけ取り上げれば充分テレビの大河ドラマになり得るような、北部九州一円を巻き込んだ一大人間絵巻が可能なのである。だが、それでも語られることはない。

この違和感は何故なのかと言うと、宗像大宮司家に纏わるある強力な「怨霊譚」が影を落としているためであると言わざるを得ない。

その怨霊譚の具体的な紹介は後ほどとして、この本は謂わば世界遺産としての表舞台から外れた「負」の要素を敷衍《ふえん》して、あまり世に知られていない戦国大名としての宗像氏のエピソードと、正史からは読み取れない歴史の不思議さを紹介していくものである。

筆者は福岡県に長く在住している一介のライターであり、歴史研究に於いては門外漢である。故に詳しい方には引っ掛かる部分が出てくるとは思うのだが、それでもこれを書かざるを得なかった衝動というのは、最後には理解して下さるものと思う。

この本は何か新説を殊更主張したりするものではなく、また主に怨霊譚に絡めて宗像氏の悲劇に焦点を当てることになるわけであるが、宗像大社信仰に対して何か貶めるような意図があるわけではないことを最初にお断りしておきたいと思う。

むしろ、心情としては正反対で、悲しい運命に翻弄された宗像大宮司家の人々の鎮魂を願うことと、彼らが守り抜いた宗像の神の神威を顕彰するためのものだと思って頂いてよい。

お断りが続いて申し訳ないが、この本は歴史読み物としての範疇《はんちゅう》からかなりはみ出しており、どちらかといえばオカルトのジャンルに近いものであるかもしれない。

いや、完全にオカルト本だと思って頂いてよいだろう。

……主役が、何しろ怨霊そのものであるのだから。

宗像氏関連の資料としては「宗像記・宗像記追考」と「宗像軍記」がある。どちらも元禄期の写本と版本が残されているが、いずれも成立年代は不明であり、著者不明な上に明らかな矛盾点がある。

更には「およそ信じ難いこと」が記されており、この部分は普通取り上げられることがない。そうではあるのだが、宗像氏を真正面から語ろうとすると、これを避けて通るわけにはいかないのである。

これを敢えて取り込んで御紹介したいと思うわけであるが、実はこの部分が前述の凄まじいまでの怨霊譚なのである。

その怨霊譚を書き記すに当たって、まず触れなくてはいけない書籍がある。

先駆者はおられるもので、大正四年にその怨霊譚の詳細を纏めた本が善教堂書店というところから出版されているのだ。

「九州一の怪談」というタイトルで、著者は竹林庵主人氏となっている。

元々は地方紙西日本新聞の前身、当時の福岡日日新聞に連載されていたもので、どうやら同新聞の校閲主任であった竹林巌氏の著作であるらしい。

連載中からかなりの反響があった模様だが、さすがに今日では知る人も少なくなってしまっているようだ。

この本はウェブサイト「国立国会図書館デジタルコレクション」に於いてPDFデータが公開されており、インターネット環境のある方ならどなたでも閲覧できる。

そこには、宗像大宮司家に滅亡をもたらす端緒となる「山田事件」の詳細が綿密にギチギチと唸るような筆致で書かれているのだが、今回のこの本は、まずはこの「九州一の怪談」を下敷きにして、解説を加えていく手法で始めていきたいと思う。

恐らく怪談文学としても一級品だと思える「九州一の怪談」。

原著が文語体であるため、とっつきにくいと思われる方には、本書をそのガイド本として活用をして下さると嬉しく思う。

本書の前半部分は、以上のように「九州一の怪談」に沿って怨霊譚の解説を。そして後半部分には、九州の怨霊伝説全般に狂言回しのようにして登場する、黒田孝高《よしたか》(官兵衛、あるいは如水《じょすい》)、そして黒田長政の親子の関わりと、その他の新事実を盛り込んでいる。

とはいえ、肩肘を張らずに楽しめるよう工夫して参りますので、どうぞよろしくお付き合い下さい。

「九州一の怪談」原本については、著作権の保護期間を過ぎているので、今回のこの本に合わせて、監修の加藤一氏がキンドル版への電子複刻を試みられた由である。

是非、竹林庵主人氏の渾身の名調子を原文でお楽しみ下さい。

『九州一の怪談：菊姫御前の幽魂を弔ふ』（竹林庵）

https://www.amazon.co.jp/dp/B07BS3HYYL

目次

背景

「山田事件」と呼ばれる件《くだん》の事件は、現在の福岡県北東部にある宗像地方（現・宗像市）で起こりました。

宗像地方は、古来より中国や朝鮮との貿易で繁栄した地域で、飛鳥時代には沖ノ島を包含する宗像氏所領が、九州唯一の神郡として祭祀を司り機能していました。

そして、栄枯盛衰を繰り返しながらも室町時代には、豪族となった武装勢力宗像氏の支配地となっており、沖津宮である沖ノ島と一直線に並ぶ、辺津宮・宗像大社の大宮司は即ちその当主だったのです。

既に鎌倉時代には白山《はくさん》〈注1〉に強力な山城を築き、周囲の豪族の侵略から領地を守っていました。

ですが、山口の大内氏は特に強力に周辺へ膨張し、山陰・山陽・北部九州にその勢力を広げていました。

さしもの宗像氏も軍事的に旗色が悪くなり、第七十四代宗像大宮司氏佐《うじすけ》は大内氏の幕下に入り、自ら山口の大内氏の元へ出仕します。

出仕するとは、要するに江戸幕府の元へ諸藩の大名が赴いて、臣下の礼を賜るようなものといいますか、殿様が領地にいなくて、江戸屋敷にずっと住んでいるとかそんな感じです。

この状態が慢性的に続き、第七十九代宗像大宮司となったのが宗像氏男《うじお》でした。

この人は、七十八代大宮司宗像正氏《まさうじ》の娘、「菊姫」の養子婿です。

そもそもは宗像氏にとって不本意な出仕だったはずなのですが、どうしたわけか彼はこのときの大内氏当主、大内義隆《おおうちよしたか》に物凄く忠義を尽くします。

大内義隆は武辺よりも文化を好む人物だったようで、詳細は分かりませんが何やらウマが合ったのでしょう。宗像という比類もなく由緒のある氏名を大内領内では使わず、黒川隆像《たかかた》という異名を名乗り、すっかり身内扱いになっていました。

「隆像」については、正確には偏諱《へんき》と言って、臣下への恩恵の付与として大内義隆が自らの名前の一文字を与えているわけですが、やはりただならない親しさを感じます。

姓の「黒川」のほうは、大内氏から与えられた領地である黒川村から取ったものと思われます。

この「偏諱」は、この後よく出てきますから覚えておいていて下さい。

そこへ、大内氏家臣、陶晴賢《すえはるかた》がクーデターを起こすという大事件が起こります。

詳細は省きますが、武辺派による文化派追放のための武力蜂起だと思って下さい。

安芸の毛利元就もこれに同調。大内義隆の味方は僅かで、対応もままなりませんでした。

陶晴賢は大内氏の有力武将なのですが、実は大内義隆の元寵童で、こういうのもあまり表立っては語られないので影の歴史の面白いところです。しかし、残念ながら本筋と関係ないので、これも割愛します。

陶晴賢は、クーデター前までは、元服時に大内義隆から偏諱を賜った陶隆房《たかふさ》という名を名乗っていました。ですが、便宜上この本では陶晴賢で統一します。〈注2〉

天文二十年（一五五一年）九月一日、陶晴賢の軍勢に追い詰められた義隆は、長門の大寧寺に於いて自害します。

「大寧寺の変」と呼ばれる事件です。

そして、宗像氏男は義に殉じて、同じく大寧寺で大内義隆を追って自刃して果てます。

享年二十三でありました。

——これがいけなかった。

何がいけなかったのかというと、宗像家の当主の座が空位になってしまったからであります。

実は、宗像氏男の義父（菊姫の父）である七十八代大宮司宗像正氏は、出仕中に第二夫人を設けていました。あの逆臣陶晴賢の姪に当たる、照葉《てるは》という女性であります。

それに子が二人生まれていました。兄が鍋寿丸《なべじゅまる》、妹がお色《いろ》姫といいます。

宗像正氏本人は、天文十六年に既に病死していました。〈注3〉

そして、宗像氏の本拠には、宗像正氏の正室である「山田の君」とその娘であり、氏男の正妻である「菊姫」が留守を守っている状態です。

陶晴賢の陰謀脳が猛烈に回転します。

「あれっ？　これって、うまくやれば宗像氏って、うちの一族で丸々乗っ取れるんじゃないのか？」と。

何しろ、鍋寿丸は宗像正氏直系の男子です。名目が立たないわけではありません。

宗像領を押さえることができれば、北部九州の大内領と合わせて覇権は盤石となり、自らの逆臣としての立場も評価がまた変わって、政治的にも実に好都合でした。

その上、大内氏は勘合貿易をほぼ独占していましたが、宗像氏も朝鮮との交易を行っており、これを更に取り込めると、途轍もない経済的利益となります。

こうして、第八十代宗像大宮司、即ち宗像氏当主の座を巡って、陶晴賢派と地元守旧派との間に猛烈な謀略戦が始まるのでした。


〈注1〉「白山」は宗像市と遠賀《おんが》郡岡垣町の境界に連なる宗像山地（宗像四塚連峰）の孔大寺山《こだいしやま》南西にある独立峰。宗像氏の居城「白山城」があり、九州に西下した足利尊氏が潜伏していたことでも有名である。その麓には山田事件の舞台「山田屋敷」があり、現在は「曹洞宗 妙見山 増福院」がある。宗像四塚連峰最南端の峰は「城山《じょうやま》」と現在呼ばれているが、ここは宗像氏貞が築いた最強の山城「岳山城《たけやま》」の跡である。また、「岳山城」築城の前には「蔦《つた》が嶽《たけ》城」と呼ばれる山城があった。

〈注2〉大内義隆を討った後、陶隆房は大内氏当主に義隆の甥で大友氏出身の大友晴英を当主として擁立、偏諱を賜り晴賢と改名した。（大友晴英は大友宗麟の弟）

だが、通常は下字を受けるのに、上字の「晴」を受けており、如何にもただならぬ関係性を暗示していた。また、大友晴英の「晴」の字は第十二代将軍・足利義晴より偏諱されたものであり、これを更に与えるということは、将軍家との関係も後ろ盾として匂わせるものとなる。

大友晴英は、天文二十二年（一五五三年）、室町幕府十三代将軍・足利義藤（のちの義輝）から偏諱を受けて大内義長と改名している。

〈注3〉宗像正氏の没年には、天文二十年説もある。

陰謀

宗像氏男亡き後、地元での第八十代宗像大宮司の候補はどうなっているのかというと、一番の有力候補としては、大寧寺で死んだ氏男の弟に千代松丸という男子がいました。

しかし、この子は僅か三歳。父親は七十七代大宮司の宗像氏続《うじつぐ》卿でした。母親は「辨《べん》の前」という女性です。

この頃の宗像氏には二つの家系があって、七十二代と七十四代を務めた宗像氏佐の息子達、七十六代宗像正氏と七十七代宗像氏続の家系が絡み合っています。

系図を御覧になって下さい。

氏佐の息子正氏が山田の

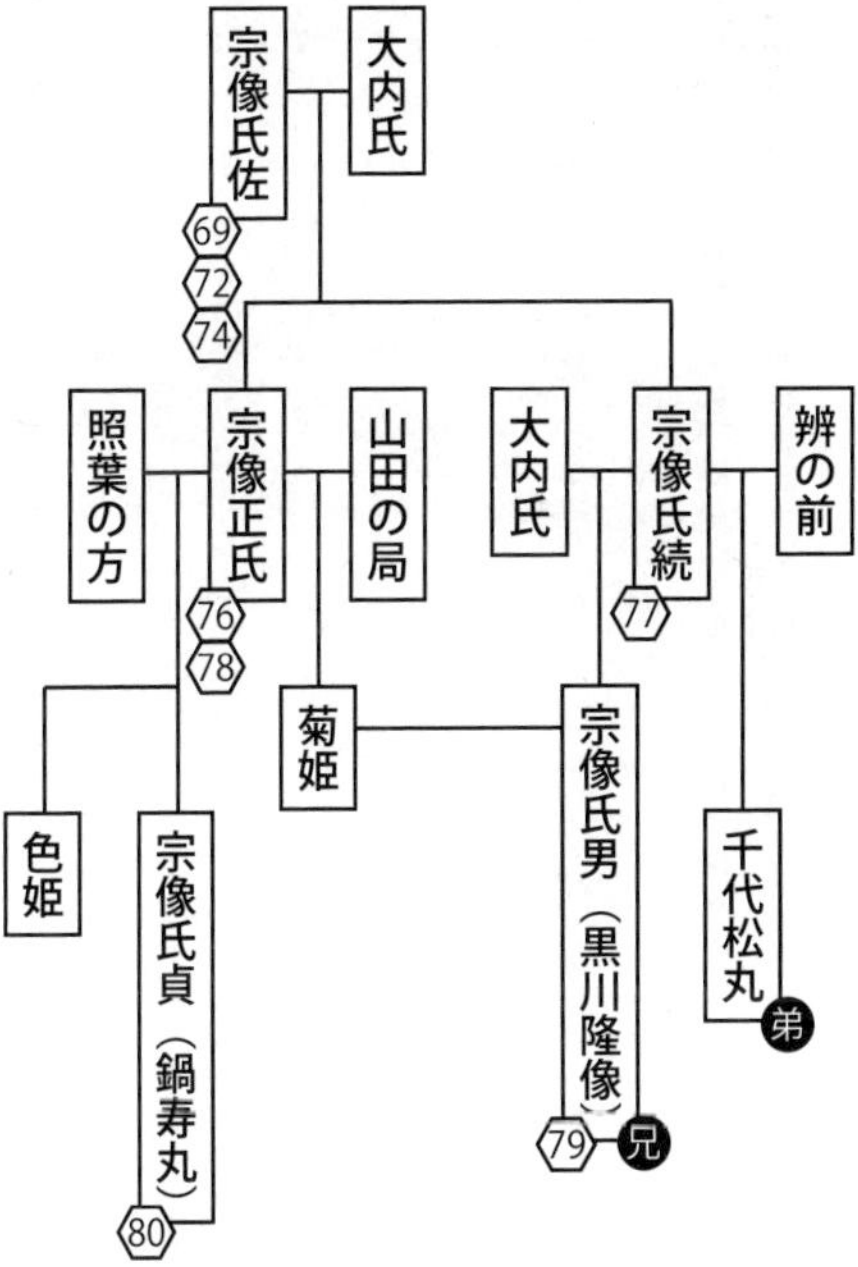

※囲み内数字は宗像大宮司職代位

局を娶《めと》り菊姫が生まれ、そこへ婿に入ったのが正氏の弟である氏続の息子、氏男になります。

氏男は正氏から見れば、甥に当たるわけです。

その正氏が大内領内で照葉との間に鍋寿丸、お色姫という子供を成したがために、事態をややこしくしました。

正氏正妻の菊姫には、まだ子供がいない状態でした。


では、宗像守旧派の策として考えられるものを挙げていきましょう。

- 七十七代大宮司の宗像氏続卿を後見人として、氏男の弟千代松丸に相続させ、これを八十代とする。
- 七十七代大宮司の宗像氏続卿を、八十代として再任する。（再任は氏佐の前例あり）
- 菊姫御前へ、再び宗像一族より器量のある者を迎え参らせ、これを八十代とする。

この三つでした。
そして、それについての話がまとまらない内にと、陶晴賢は謂わば電撃作戦を決行します。
七歳の鍋寿丸を黒川の屋形で元服させ、宗像四郎氏貞と名乗りを上げさせます。〈注1〉
そして、母親の照葉の方と自らの腹心を後見に付け、家臣団に守らせて出し抜けに筑前へ入国し、宗像領内の白山城へと入城してしまいました。

天文二十年九月十二日のことです。

そのまま立て籠もって、我こそは宗像正統であると宣言。

つまり、氏貞が八十代宗像大宮司になるから臣下の礼を尽くせと言ったわけです。

何しろ氏貞は本当に氏男の嫡流の男子であるわけですから、元々大内氏に大宮司職さえ裁定されていた、政治弱者の宗像家家臣団は大揺れに揺れます。

ただし、何の通告もない一方的な処置でしたから、「こんな横紙破りが許されるわけがない」という反発の声は当然起こります。

「正統と言うが正妻の子ではないではないか」

「そうだそうだ」

「そもそも、氏男卿を大寧寺に追い詰めたのは陶殿ではないか」

「そうだそうだ」

こんな調子で守旧派が気炎を上げれば、一方では当時の混沌とした九州戦国の情勢から、

「お家の存続が一番重要」

「この際、陶殿の権威を借りて、宗像一族の隆盛を目指すべし」等と言い出す一派も現れます。

確かにそれは政治的には、ウインウインの関係になれる好機でもありました。

こうして、白山城に入城した陶一派に対して、菊姫一派は氏男の実父七十七代氏続卿を老大

将に据え、蔦が嶽の城を根拠として睨み合うことになりました。〈注2〉

連日議論が交わされはするのですが、お互いが絶対に譲らないため一向に埒が明かない。そうこうする内に、当然ながら不穏な考えを抱く者達が守旧派内にも現れます。

「要するに鍋寿丸さえ討ち取れば、一挙解決ではないか。同じ城内にいる我々ならば容易きこと」

「お主、それで手柄を立てて菊姫御前に取り入ろうと思っておるな?」

「ふふふ……男を上げる好機でござろう。お主も、同じ腹ではないか」

とか何とか、血気に逸る若侍達はこんな調子だったようです。そして、実際の襲撃計画を練り始めました。

ところが、おさおさ警戒怠りない陶近臣寺内治部丞《てらうちじぶのじょう》は、白山城内のこの動きを察知してしまいます。

自ら手勢に采配を振るって、菊姫派の若侍達の出鼻を挫《くじ》き、追い詰めてこれを皆殺しにしてしまいました。

その獅子奮迅の活躍に対して、寺内治部丞は天文二十年十月二日付で陶晴賢から感状を賜っています。

「粉身《ふんしん》の次第《しだい》、神妙《しんみょう》の趣《おもむき》、其意《そのい》を得《え》たり」

今なら、社長賞とかそんなところでしょうか。

しかし、この流血によって、もはや話し合いを持っての解決は誰の目から見ても酷く遠のいてしまったのでありました。


寺内治部丞は、その後も調略による守旧派の切り崩しを計りながら、明らかな邪魔者には情け容赦なく武力を持って当たり、排除していきます。

天文二十年十月から十一月にかけて、菊姫方の参謀吉田宗栄《そうえい》、同、吉田内蔵助《くらのすけ》を討ち滅ぼし、その他大方のめぼしい敵寄騎衆を襲撃して壊滅状態にしてしまいました。

寺内治部丞は十一月五日付で、再度の感状を賜ります。

翌年、天文二十一年二月十七日には、ついに禄高の加増が決まり、出世街道を駆け上ります。

……まあこの期間だけで、実質的な勝負は付いてしまったようなものでした。

問題なのは、鍋寿丸の白山城入城が九月の十二日ですから、既に半年以上が経過しているのですが、未だに大宮司職の継承者が定まっていない状態が続いていることでした。

けれども、もはや趨勢《すうせい》は決しており、宗像家所領の横領も時間の問題。

焦ることはなかったのです。

内輪揉めに辟易《へきえき》した民心の治まるのを待って、正式に氏貞が大宮司職に就けばいいのです。

世は戦国です。このようなこともあるものだ、といずれ誰もが納得してしまうことでしょう。

……ですが。

陶晴賢の意向は、菊姫方の血筋の根絶やしに固まっていたものと思われます。
理由は、後顧の憂いを絶つ。
ただその一点。
自身が何しろ逆臣ですから、不満分子を全く信用できません。
他の選択肢をなくしてしまえば、今後の氏貞の体制は盤石となります。
殺害対象は三人。

・氏男の正妻であり、七十六代正氏の娘である菊姫
・七十七代大宮司の宗像氏続
・氏男の弟、千代松丸

守旧派が頼みとする血統の全てでした。

〈注1〉「九州一の怪談」原本での描写。実際には、天文二十一年九月十一日付けで「自今以後者、任旧例、可被称宗像之号候、仍太刀一腰進之候、尚陶可申候」と大友晴英から宗像姓を称することを許されている文書が残っており、正式にはこの時点では、氏貞はまだ「黒川鍋寿丸」であったはずである。

〈注2〉鍋寿丸が電撃入城したのは蔦が嶽城のほうではないかとの説があり、「山田騒動の真犯人」などの著作のある地元の研究家、吉田虎雄氏はこの説を支持している。理由は、宗像氏参謀の根拠地が白山城だったからで、さすがにすんなりと占拠できるとは思えないとするもの。

その場合、この睨み合いの構図は真逆となるが、ここでは「九州一の怪談」に準拠する。

裏切り

原本「九州一の怪談」では、史実に交えてまるでその場にいて見てきたような描写がふんだんに現れるのですが、この本でもそれに倣おうかと思います。

この辺りから、血腥《ちなまぐさ》いドラマがその本性を露呈してきますので、ガラリと調子を変えてみましょう。

――氏貞の生母照葉の方は、白山城内の一室で氏貞、そしてお色姫とともにじっと息を殺すような半年を過ごしてきたが、待てど暮らせど世継ぎが決まったという知らせがなく、すっかり疑心暗鬼に陥っていた。

寺内治部丞は、幾らその件を問い質しても涼しい顔で、

「まあ、仕上げを御覧じろ」などと言うばかり。

国元からの書状には千代松丸、宗像氏続、菊姫の三名を亡き者にせよとの厳命が認《したた》めてあったはずだが、大方の闘争が片付いて気が抜けてしまったのか、家臣団の動きも歯がゆいばかりに鈍く感じる。

寺内治部丞は、蔦が嶽城に手の者を送り込んでいる様子で、謂わば乗っ取りを行っているとのこと。

武装を解かせて、無傷で手に入れようとの魂胆だろうが、照葉の方はそれもまた不満だった。

「いっそ、火攻めを仕掛けて皆殺しにしてしまえばいいのに」

そうすれば一網打尽であろうに……。

宗像家横領後のことを考え、国力保全を優先する寺内治部丞は確かに優秀だが、だからこそ何処かに隙と緩さを感じて、どうにも心の底からの信用ができないのだった。

そんな照葉の気分を感じたのか、寺内治部丞が瀧口という場所に屋形を造営し始めた。

菊姫派の諸将の排除は完成しており、治安は回復。狭く陰気な城内へ住まう必要もなくなったからだという。

明らかな御機嫌取りだが、それはそれで結構なことだと思っていたところへ、域内を監視させておいた照葉子飼いの配下から知らせがあった。

「宗像氏続卿、単独にて出奔！」

「千代松丸殿、辨の前様とともに何処かへ身を潜められた由！」

「——何と言うこと！」

照葉は歯噛みをして悔しがった。

逃げられた……。

無意味にいつまでも手を拱《こまね》いているから、こんなことになるのだ。

「それで……菊姫と山田の御前は？」

「はっ、こちらは頼る先もなく、蔦が嶽の城にも居たたまれず、山田の御殿へと身を移されましてございます」

山田の御殿とは……。この白山の城の麓。つまり、目と鼻の先ではないか。

「……ううむ」

寺内治部丞は肝心なところで手ぬるい。こうなれば我が子氏貞のため、何が何でも菊姫親子だけは取り逃がすわけにはいかない。

照葉の方は自身が動く覚悟を決め、配下の者に指示を下した。

……刺客を放つ。

それはもはや決意したことだが、如何せん自身の配下には小物しかいない。

武士は皆、寺内治部丞の配下であり、照葉には直接厳命を下す力がない。そうでなければ貴人の女性を殺すのには抵抗があるだろうから、本当に殺害が決意できるのか、あまり当てにはできなかった。

武士であるが、日和見で打算的な人間がよい。

それも、できれば菊姫方に近い人間がよい。

氏貞に、今後悪い噂がつきまとわないように、守旧派内部の諍《いさか》いという形に納まるのが一番理想的だった。

そういう人物がいないか探すように、と命じて数日。

候補に挙がったのが、石松又兵衛尚季《またべえなおすえ》〈注1〉、嶺玄蕃《みねげんば》、野中勘解由《かげゆ》の三名だった。

中でも石松又兵衛は、宗像家の中老職を務めており、謂わば実務派の重鎮とも言える人物。

ともかく今回の騒動を治めて、早く家中の安泰を計りたい一派の筆頭との由。

脈ありと見た照葉は、早速使いを出して石松又兵衛を白山城内へ招き入れた。


石松又兵衛は、初老の一見物腰穏やかな人物であった。

その人柄と長年の忠勤故に、山田の御殿にも出入りが許され、時々伺候《しこう》しては後室や姫君とも面談しているという。

だが、照葉の前に座したその表情は、何処か酷く曇っており、俯き加減で御機嫌伺いの挨拶くらいしか口を開かなかった。

既に何の要件で呼び出されたのか、察知している様子であった。

「……さては、不承知よな？」

「……」

そう言うと、石松又兵衛はただ平伏して、目を合わせようとはしなかった。

「妾《わらわ》が何を頼みたいかは、其方の察するところと同じじゃ。かかる一大事を頼もうとするのは、何も我が産みの君様が可愛いばかりではない。第一に、宗像家の安泰を祈ればこそぞ」

「……」

「大内殿の後ろ盾なき今、毛利、大友、龍造寺、島津、その他の豪族《つわもの》どもが手ぐすね引いてこの地を狙っておろう。ようやく寺内治部らの働きによって領内が一枚岩に戻りつつある今、もし貴奴らが群がり起こって菊姫御前を再び盛り立てようとしたら如何する？」

「……」

「殊に山田の後室は、男勝りの胆力と才覚をお持ちの御方と聞き及ぶ。この先、きっと菊姫御前の御為に何事かを企まれるのではないか？　それが大事となれば、陶様の怒りを買い、領内は再び流血の巷じゃ」

「……」

「……であれば、安寧を願う其方にとっても、彼の者らは同じ獅子身中の虫ではないのか？」

「……しょ」

石松又兵衛の身体が打ち震えた。

照葉の方が無言でじっと見つめていると、滂沱《ぼうだ》の涙に濡れたくしゃくしゃの顔が起き上がり、

「……承知仕りました」

とだけ、嗄《しゃが》れた声を発した。

〈注1〉「九州一の怪談」では「石松但馬守《たじまのかみ》」として登場するが、石松但馬守尚季を名乗ったのは永禄三年（一五六〇年）からとのことである。また、事件のキーパーソンであることから、正確を期して、この時点での氏名をこの本では使用する。

惨劇

石松又兵衛は、照葉の方の頼みを引き受けた以上、武士としてもはや翻意するわけにはいかなかった。

だが、殺害対象は既に亡くなったとはいえ、主君の実の家族である。

散々悩み抜いた末、配下でもあった嶺玄蕃と野中勘解由を呼び、腹の内を語った。

「照葉の方様のお言葉、いちいち御尤《もっと》も」

「……命に従うだけでござれば」

二人は得心がいったようで、その腑に落ちたであろう瞬間から両目にぎらぎらとした殺気を宿し始めた。

「討手は我ら二人で」

そして、山田の屋形の警護の者達を何処かへ移すよう進言した。

「ならば、大島へ渡るよう所用を命じよう」〈注1〉

そして、襲撃の日取りは三月二十三日と取り決めた。

——天文二十一年三月二十三日。

夜空は晴れ渡り、山田の屋形は静寂の中、茫洋とした月の光に照らし出されていた。

庭の泉水に月が漂うように映し出され、いつしか棲みついた鴛《おしどり》の番《つがい》がたまにさざ波でその形を揺らした。

沐浴したばかりの菊姫は、寝所に戻る前にふと思い立って、藺《い》の草履を履いて庭へと出ていた。

静寂の中へ身を置き、物思いに耽る。

何という血腥い数カ月間であったことか。

しかし、幾分落ち着きを取り戻したとはいえ、この先は更に政治に翻弄されていくであろう身の上。せめて、亡き殿の無念の御霊が、この夜の月のように静安なものであることを願うばかりである。

じっと月を仰ぎ見る菊姫の側に、いつの間にか侍女の小夜《さよ》と小少将《こしょうしょう》が控えていた。

身の危険を感じた宗像氏続卿が、菊姫らを見捨てるようにして姿を隠した後も、ずっと変わらず付き従ってくれるのは、この侍女達のみである。

改めての感謝の言葉が喉を突いて出ようとしたそのとき。

人気のない屋形の中から、何者かのけたたましい足音が響いた。

「何事！」

侍女二人が菊姫を庇うように前に出ると、野中勘解由が縁の上へ現れ、ゆっくりと庭へ降りて率爾《そつじ》に伺候した。

だが、異常な殺気が全身からふつふつと湧き出すようである。

「さては……」

菊姫らは、屋形のほうへ移動しながら、何とか時を稼ごうとした。

「夜陰にかけて、大奥深く何用あればまかり出でた。よも、ただ事ではあるまい！」

「寺内治部丞からの甘言に惑わされたか！」

屋形の長押《なげし》には薙刀《なぎなた》が掛かっていた。

野中勘解由は無言で縁の上に飛び上がろうとしたが、必死の蹴りを受け一度は庭へと転がり落ちた。

だが、体勢を立て直すと今度は油断なく縁に上がり、一直線に菊姫のほうへ駆けた。

菊姫が振り向きざまに屹度《きっと》鋭く睨み、まともに目が合った。

構わず、抜き打ちの一撃を見舞う。

菊姫は、咄嗟に手にしていた檜扇を翳したが、それは呆気なく両断され、綴りの糸が千切れてバラバラに四散した。

同時に、凄まじい血潮が噴き上がり、菊姫はその場にどっと倒れた。

「姫様！」

長押の薙刀を取り下ろそうとしていた小夜と小少将が狼狽し、悲痛な声を上げた。

野中勘解由は腰を落とし、菊姫の気息を見ていたが、

「南無阿弥陀」と口の内で呟き、とどめの一刀を菊姫の胸へ見舞った。

菊姫は絶命した。

まだ十八歳であった。


菊姫の母、山田の後室はこのとき一人で離れの仏間にいたが、長廊で隔てられた母屋の、庭に面した辺りから侍女達の悲鳴が聞こえて俄に立ち上がった。

ほどなく、花尾局《はなおのつぼね》と三日月《みかづき》の侍女二人が薙刀を引っさげて駆け込んできた。

「狼藉者あり！」

山田の後室は面立ちを一変させ、持っていた数珠を投げ捨てると、帯の間から懐剣を取り出した。

菊姫の身を案じ、仏間を出ようとしたそのとき、長廊を駆けてきた嶺玄蕃とばったり出会った。

嶺玄蕃は抜き身の刀をすうっと構え、切りつける一歩手前である。

「君様！」

花尾局と三日月が必死に割って入り、薙刀で嶺玄蕃を突こうとした。が、繰り出す攻撃を刀一本で自在に躱《かわ》されてしまう。

このとき、母屋の庭でも小夜と小少将が野中勘解由に抵抗していた。

屋内と違って薙刀の間合いは有利に見えた。

だが、野中勘解由は幾つもの合戦を生き抜いた剛の者だった。その早太刀は見切りもできず、小少将はいつの間にか追い詰められ、手傷を負った後、最期は大袈裟に掛け切って落とされた。

小夜も奮戦したが、小手を切りつけられ、薙刀を取り落とした。

必死に身を翻して、他の侍女達のいるであろう方向へと逃げた。

勘解由は血刀を振りかざし、それを追った。


仏間の入り口を守る二人は何とか嶺玄蕃の侵入を防いでいたが、息も切れ胸は喘ぎ、もはや両の腕にも力の入らない有様だった。

山田の後室は奥から嶺玄蕃を睨め付けていたが、

「さては噂に違《たが》わず、曲者達は我らを殺しに襲い来たりたか。家来として主君を殺す人非人。恨みは骨髄に徹して世々に忘れぬぞ」

更に躙《にじ》り寄り、

「今に見よ、今に見よ。我の怨霊は孫子の末代までも祟りをなして、この仕打ちをした一家一族を取り殺し、我宗像領内には草茫々と生やしてみせる」

その何かを逸脱したような、爛々と光る双眸《そうぼう》を見て、嶺玄蕃は一瞬怖じ気付いた。

そこへ血塗れの小夜が駆け込んできた。

「小夜様！」と三日月。

「姫君様は」と、花尾局が訊ねたが、涙に暮れ首を振るばかり。

全てを察した山田の後室は憤怒の形相凄まじく、

「……我は女ながら王族の末裔《まつえい》。どうして人非人の刃に血塗られ、穢らわしき錆と消え失せようぞ！」

そう言うと、投げ捨てた数珠を拾って祖先の仏壇に向かい、香を捻じた。

そして白綾の腰帯を解き、居住まいを正すと、正座した両の膝を乱れぬようにきつく縛った。

経机から置いてあった懐剣を逆手に持ち、衿を広げ、一気に喉笛を掻き切った。

鮮血が迸り《ほとばし》、がっくりと首が垂れる。

嶺玄蕃と対峙していた花尾局は、どうすることもできず一部始終を見ていたが、急に崩れ落ちるようにへたり込むと、薙刀を放り出し、既に事切れた山田の後室のほうへ躙り寄った。

「……さぞ、御無念で……局もお供致します」

山田の君の右手を開いて懐剣を取り上げ、それを床の上に支えて立てた。

そして半ば倒れ込むようにして、喉を突いた。

刃先が貫通し、少し身震いがあったが、すぐに静かになった。

「……手間が省けたようだな」

いつの間にか現れた野中勘解由がそう呟くと、凍ったようになっていた三日月と小夜が気色ばんだ。

「おのれ！」

三日月が野中勘解由の胴を払おうとする。

小夜も花尾局の薙刀を拾って嶺玄蕃に打ち掛かったが、出血で手が滑った。たちまち劣勢となり、指を切り落とされ、得物が下がったところを袈裟《けさ》懸けに斬られた。

「ああっ、小夜様！」

野中勘解由の早太刀はそう叫んだ三日月を斬りまくり、見る間に血達磨にする。もはやこれまでと悟った三日月は薙刀を投げつけると、その隙に匕首《あいくち》を抜いて自らの喉を突いた。

こうして、菊姫と山田の後室、それに殉じた四人の侍女は無念の内に殺害された。

世に言う「山田事件」の顛末《てんまつ》である。

〈注1〉大島は宗像領沖に位置し、宗像大社中津宮があることで有名であるが、実は宗像氏にとっての詰めの城として機能していた。「九州一の怪談」では山田事件当日には異変を察知した宗像家家臣や女房達まで避難していたと記述がある。（特に、重臣吉田飛騨守尚時《よしだひだのかみなおとき》が逃走したことになっている）

後には、宗像氏貞自らも大友方の宗像鎮氏《しげうじ》が襲来した際、避難している。

宗像三女神を祀る「沖ノ島・沖津島社殿」「宗像大島・中津宮社殿」「宗像大社辺津宮社殿」の配置が一直線上であることは有名である。あまり知られていないが、より正確には「沖ノ島・沖津島社殿」「宗像大島・中津宮社殿」「桜京装飾古墳」「宗像大社辺津宮社殿」「若宮市・竹原装飾古墳」「飯塚市・川島古墳群1号墳」がその一直線上に並んでいる。

この直線構造が何であるかは本筋と関係ない考察なので触れないが、古代からこういう呪術的な謎のラインが北部九州に存在したと言うことは確かである。

後半に、他にもいろいろと不可解な直線構造を提示するので覚えておいて頂きたい。

また余談ではあるが、大島は安倍宗任《あべのむねとう》配流の地である。その三男安倍季任の子孫の松浦高俊は、平清盛の側近で平家方の水軍として活動した。その後、治承・寿永の乱により、現在の山口県長門市油谷に流罪となっている。

そして、その子孫とされる安倍寛の家系は政治家を輩出し、寛の長男・安倍晋太郎は内閣官房長官、晋太郎の次男・安倍晋三は内閣総理大臣になった。

楢葉の末

概ね「九州一の怪談」に準じて「山田事件」当日の描写を行った。

が、現地の社寺系の伝承では嶺玄蕃、野中勘解由の両名ではなく、石松又兵衛尚季自らが、菊姫及び山田の君を手に掛けたとされているようだ。

また地域の口伝でもその説は根強いらしい。まれにネット上で宗像地方の怪談を目にすることがあるのだが、よくある「未だに祟られている」というオチで登場するのはこの石松又兵衛の子孫ということであるらしい。

そういう現代怪談も、この怨霊譚の一要素なので一時は収集も考えたのではあるが……。

ところが、石松又兵衛の子孫は数多く、逆にこれを以って家系が絶えず、真底祟られなかったのは実行犯ではなかったからだとするのが、その子孫達の主張なのだそうである。

以上のように、多分に地域内での繊細な問題を含んでおり、例えば出所不明のネット怪談を「石松家係累で発生した怪異」のサンプルとしてこの本に掲載すると、微妙に拮抗したその主張のバランスが崩れてしまうため、そういうのは残念ながら扱わないこととした。


さて、後にまた詳しく触れるが、山田事件で惨殺された六人の菩提所が宗像市山田にある「曹洞宗 妙見山 増福院」である。六霊を合祀して六地蔵を刻み、それを本尊としていることから「山田地蔵尊」とも呼ばれ地域で親しまれている。

その増福院が、山田事件から丁度四百年が経った昭和二十七年に、一冊の本を出している。書名を「楢葉の末」という。

副題が「山田地蔵尊由来記」とあり、筆者は増福院門徒の田中嘉三氏である。

その「はしがき」を読むと、主に「九州一の怪談」を参考に、古資料である「宗像軍記」や、貝原益軒の記した「増福院祭田記」を参案したとある。

これには、「九州一の怪談」とは違う、その「石松又兵衛による山田事件」が描写されているのである。

「楢葉の末」は、殆どの部分が「九州一の怪談」を下敷きにしてあるのに、どうしてここだけ差し替えを行ったのか。——やはり、どうしても書いておきたかったことがあるのだろうとも思えた。

あるいは、「はしがき」にあるように、こちらの描写があるという「宗像軍記」や同じく古資料である「増福院祭田記」に重きを置いたのかもしれない。

著者としては、実行犯が誰であろうと、この後に訪れる祟りの本質には関係ないので、「九州一の怪談」の描写だけで概要の説明を済まそうと思っていたのだが、謂わば公平を期すためと他に非常に興味深い点もあったので、敢えて繰り返しになるが「楢葉の末」版の山田事件の様子を、この後書き記すことにした。

尚、この「楢葉の末」は、軽便な冊子の形になってはいるが、現在も増福院で直接入手することができる。


——天文二十一年三月二十三日。

夜空は晴れ渡り、山田の屋形は静寂の中、茫洋とした月の光に照らし出されていた。

庭の泉水に月が漂うように映し出され、いつしか棲みついた鴛の番がたまにさざ波でその形を揺らした。

来訪した石松又兵衛尚季は、花尾の局を通じて取次を頼んだ。

山田の後室は丁度行水中だったがそれを終え、菊姫御前とともに面会の間に座を取り石松又兵衛を迎えられた。

石松は平伏して、

「失礼の段、恐悦至極に存じ上げまする」

「夜陰にかけて、大奥深く何用あればまかり出でた。よもただ事ではあるまい」

「実は朝鮮国の流船相の島に漂着致し、その検分のため明朝出立の申し付けが下りましたので、暫くの暇乞いのため、夜陰も憚《はばか》らず罷《まか》り越した次第」

しかし後室はきつく睨み、

「……汝の逆意、ありありとその相貌に現れているぞ。我ら親子殺害の噂は、ほのかに聞き及ぶ。臣として君を弑《しい》すること不義の至り。我らに何の罪あって殺すのか。……しかし、女の身にあって力も及ばない、ただ定命として汝に命を捧げるぞ」

「……それは」

既に覚悟の極まった上での面会であったらしい。

「さりながら、汝は宗像家譜代の老臣である。少しでも君恩を思うなら、我の頼みを聞き入れてくれないか。それは他でもない、姫の命だけ助けて氏貞には殺した由申して、今夜の内に密かに遠賀郡吉木の麻生家の元に隠してくれないか。（傍点筆者）〈注1〉汝も子の親として情は知っているであろう。姫をも我とともに害されんこと口惜しい限りである。何卒聞き入れてくれまいか」

だが、石松はあくまで空とぼけた。

「以ての外の仰言承りまする。この石松又兵衛、真に思いもよらざる仰せにございます」

「……主に向かってあからさまにも申されまい。では、暇乞いの盃を取らせるによって暫く待ちや」

侍女に酒と朱塗りの木杯を用意させ、後室が最初に飲んで石松へ賜った。

石松はこれを三杯まで飲み干して、静かに盃を置くと、急に形相を鬼にして短刀の鞘を払った。

素早く対面していた後室へ躍りかかり、胸へ深々とそれを刺し通す。

「……わ、我が頼みを」

血の泡を吐いて死んでいく後室を一瞥して、すぐに次の行動にかかる。

傍に座していた菊姫が驚き立ち上がるのを後ろから黒髪を掴んで引き戻し、数度に渡って短刀で胸を突いた。

鮮血は八方に床を塗らし、命の火が消え骸となった二体が折り重なった。

大量の返り血を浴びた石松又兵衛が立ち上がると、室内の様子に気が付いた侍女が悲鳴を上げた。

別室にいた嶺玄蕃、野中勘解由の二人が頃合いと見て、抜き身を引っさげて現れた……。

〈注1〉山田の後室の出自ははっきりしないが、麻生氏と宗像氏が姻戚関係にあったことは確からしい。特にこの吉木麻生氏を頼ったということで、特別な関係が推定されるが、更に深い因縁を感じさせられる伝説が他にある。これについては、後半に詳述する。

祟りの始まり

無惨に殺害された六人の亡骸は、この後照葉の方の手の者によって検分され、埋葬された。菊姫と山田の後室は同じ棺に納められ、侍女もまた二人ごとの埋葬。よって、寄せ墓となり、塚は三つとなった。

場所は、山田の屋形の裏山の崖下。原の辻ということに「九州一の怪談」ではなっている。〈注1〉

山田の屋形は氏貞方の略奪を受けたらしいが、表局《おもてつぼね》の長床に一軸の山水画が掛けてあった。これは菊姫が五十君與助《いそぎみよすけ》という画工に描かせたもので、與助は雪舟の高弟であった。宗像家に抱えられ、菊姫の絵の師匠でもある。

殊に気に入りの一幅であったが、事件の当日、何故か丸絹燈が倒れてこれに火が燃え移った。菊姫の落命と同じ頃、この山水画だけが灰燼《かいじん》になってしまったのだという。

現在、増福院の宝物蔵には六人のものと伝えられる手鏡、菊姫愛用の貝合わせの貝、菊姫の手による扇面画と和歌の書などが納められている。

普通はこの騒動の後に散逸しそうなものだが、しかし、ちゃんと戻ってきたのだろうという、説得力がそれらからは感ぜられる。

何故か。

とても手元に置いておけるような品物ではないことが、この後判明するからである。

寺内治部丞は、菊姫らの一件にけりが付いたことを喜び、残る殺害目標である宗像氏続卿と千代松丸の探索に全力を挙げていた。

だが殊に宗像氏続が身を潜めた彦山は他国の領分である上、殺生禁断の霊山であった。修験道などを含めた寺社勢力は、中世に於いては武将並みに気を遣わなければならない存在であり、無理はできない。

故に遅々として、その潜伏場所は特定には至っていなかった。

そんな中、天文二十一年九月には正式に鍋寿丸が宗像氏貞として名乗りを上げ、宗像家横領はほぼ完成となっていた。

照葉の方は落成した瀧口の屋形に居を移し、宗像氏貞の実母として権勢を振るう。

一方で、惨劇のあった山田の屋形は無人となり、うち捨てられていた。

荒れ廃れた御殿の一部から、風もないのに家鳴りが起き、女の泣き声を聞いたという人がいた。

また、御殿の泉水より流れ出る小川の石が、血に染まったように真っ赤になっていたという人もいた。

……雨のそぼ降る夜半の嵐の際、人魂が青い火の尾を引いてふわふわと宙に迷うのを見たという人もいた。

〈注1〉墓は改葬が重ねられ、拝み墓等現在三カ所に分散している。原の辻に確かにそれはあるが、寛保元年建立のものらしい。吉田虎雄氏の研究によると、最初の墓は「井ノ上といふところ。杉の木のある山あいに埋めた」とだけ分かっている。(古記の引用)

井ノ上という地名は現在も伝わっているが、ここと同一なのかは不明である。つまり、同定されていない。正確な場所が重要なのは、この寄せ墓に関する強烈な伝説があるからである。

赤城峠の幽霊風

天文二十二年三月十八日。

山田事件から、ほぼ一年が経とうとしていた頃である。

嶺玄蕃は筑前鞍手郡蒲生田の観世音に参詣し、その帰途、宗像郡赤間町藤原の内、赤城峠に差し掛かった。〈注1〉

吉留村の我が家を目指していたが、はや夕日も西に落ちて暮れなんとする黄昏時であった。

何処かの山寺で撞《つ》かれたと思しき暮れ六つの鐘の余韻が微かに聞こえていたが、玄蕃は総身急に水を浴びたかのように悪寒を覚えて胴震いする。

ふと行く手を見遣ると、何処から立ち現れたか白煙のごときものが朦々と立ち籠めていた。

霧でも蒸気でもない。正に不自然だが、とにかく急がねば日が暮れてしまう。

生温いようなそれを掻き分けて前へ進むと、その先に何者かの影が白く佇んでいる。

「何奴」

思わず構えを取って見遣ると、血塗れの白衣《しらぎぬ》姿の女二人が蓬髪《おどろ》を垂れ、悄然《しょうぜん》として立っていた。

それは前年自分達が逆殺した宗像大宮司家の後室、山田局《やまだのつぼね》とその侍女花尾局であった。

「馬鹿な!」

だが二人は恨めしそうに睨み返す。その物凄い顔貌は、どう見てもあの二人に間違いなかった。

不敵の玄蕃も、さすがにたじろぎかけたが、

「おのれ、血迷うたな！」

と、抜き打ちに発止《はっし》と切りつけた。

……だが、何の手応えもない。

四面八面に薙ぎ払い、斬りまくったが、それは得体の知れない動きをし、消えたかと思えば、またあり得ない位置に像を結んだ。

花尾局が襟首の辺りに掴みかかり、氷のような指先が食い込んでくる。

山田局が刀身をすり抜け、両腕の間にいつの間にか入ってくる。

嶺玄蕃はその度に狂ったかのように身を捩って何とか打ち払っていたが、そうこうする内に日は暮れて、辺りは真っ暗になってしまった。

絶え間ない怨霊の動きに翻弄されて、手足は疲弊し息は上がった。

ついに嶺玄蕃はわめき声を上げ逃走に傾注し、暗闇で何度も転倒しながら山道を辿って必死の思いで我が家へと向かった。

吉留村の入り口で倒れているところを村人に発見され、戸板に乗せられて運ばれる。

憔悴《しょうすい》しきった面差しは、精強なあの武人のものとは思えなかった。

傷だらけの嶺玄蕃は、家の者に手当を受け寝かされていたが、すぐに高熱を発した。訳の分からぬことを言って空を掴み、悶えに悶えて苦しんだ後、そのまま死んでしまった。

そして、その夜の内に、嶺玄蕃の妻子兄弟の七人が同じような高熱を発して次々と倒れた。数日が過ぎると、もはや看取る者も絶え、もがき苦しむその同胞達はやがて全滅してしまった。

嶺玄蕃の一族は、山田事件から丁度一周忌に当たる二十三日までに、その大方が取り殺されてしまったのだった。

〈注1〉赤城峠は宗像市冨地原付近。若宮市との境界であるが、現在では「赤木峠」となっている。この付近に「玄蕃塚」という古址があり、よく嶺玄蕃絡みで紹介されるのだが、これには白木玄蕃という異名が彫ってある。同一人物とする説もあるが、そもそもそこに塚ができる経緯が不明である。蔦が嶽城で戦があった際、ここまで落ち延びてきた親子が追っ手に討たれ、その塚とする伝承もある。

悪夢

野中勘解由は、嶺玄蕃の一族の有様を聞き及んで衝撃を受けた。

だが、何かの流行病か食中毒なのかもしれない。

そう自分に言い聞かせて、数カ月の間外出もせずに屋敷に籠もっていたが、ある日書斎でうたた寝をして悪夢を見た。

——月光に浮かぶ、荒れ果てたあの山田の屋形。

礎は揺るぎ、軒は傾き、蔀《しとみ》は朽ち、御簾《みす》は破れて座内に草が茫々と生えている。

すると遠く何処からか、数珠を爪繰りながら経を読む声が聞こえる。

奥の仏間辺りだと思われたが、その声は千切れ千切れで、だが聞き覚えのあるものである。

急に近くで「キャッ」と女の金切り声がした。

仏間から「チーン」と、鈴《りん》の鳴る音。そして、灯明の火影が急に明るくなる。

このとき、何処かでまた誰かが笑う嗄れ声がした。

ほどなく、几帳の影から何か白い姿が、朦朧《もうろう》と二つ現れ野中勘解由のほうへ頭を巡らした。

見まごう事なき、山田の後室と花尾局の姿。

声も出ず、身動きもできず、その眼差しに撃たれていると、血腥い風が吹き、そこかしこからまた煙のような影が揺らぎ立った。

菊姫御前、小夜、三日月、小少将が総身から血を流しながら身を捩る。

菊姫御前の指差す先に、眼差しが無理矢理持っていかれた。

見ると、表局の床に掛けてある山水画に丸絹燈の火が燃え移り、絵の中の世界が燃えていた。

その火が這い出て、凄い勢いで足元を走り、我が身に巻き付いてくる……。


野中勘解由は枕を蹴って跳ね起きた。

必死に太刀掛に手を掛け、辺りを見回す。

……だが、書斎の周囲は何の異変もなく、耳を澄ませても夏木立に響く蝉時雨が聞こえるばかりである。

ようやく我に返り、ざわめく胸元を撫で下ろしたが冷や汗が止まらず、気が付くとガチガチと奥歯が鳴っていた。

山田の後室の眼光は炯々《けいけい》として吸い込まれるようで、鋭い意思を感じた。それがまだ目の前をちらつく。

額から幾粒も汗が垂れた。

「……そんな馬鹿な」

野中勘解由は悪寒に身を震わせながら、家人のいる方向へ這うようにして向かった。

野中勘解由は、その夜から大熱を発した。

嶺玄蕃のそれと同じように、身悶えし、似気《にげ》ない悲鳴を発し、苦しみ続けてやがて変死した。

……それから七日経たぬ内に、家族の内七人が、等しく枕を並べて同じように死んだ。生き残ったのは、嫡子新右衛門夫婦とその娘のみ。

因果を悟った新右衛門の妻お貞は、その後やはり病気になった夫を看取った後、剃髪《ていはつ》して妙得と号し、一生を亡くなった一族の菩提を弔うことに費やしたという。

眼差しは彦山へ

……そろそろ、この怨霊がただならぬものであることがお分かりになってきたことと思います。

まあ、無論純粋怪談本である「九州一の怪談」を下敷きにしていますので、竹林庵主人氏のかなりの潤色があるわけですが、伝承でも概ねこんな感じで嶺玄蕃と野中勘解由の二人は早期に怨霊に取り殺されたということになっています。

現代風に改めるに当たり、筆者も細かいところでは筆を入れておりますので、その辺は御承知置き下さい。

さて、こうして山田事件の実行犯とされる二人は死んでしまいました。

では、石松又兵衛はどうなのか、ということになるわけですが、この人は宗像氏貞の臣下となり、何と宗像氏貞の没後まで存命しています。〈注1〉

宗像市陵厳寺地区の一角に「石松但馬守尚李碑」という自然石でできた石碑があります。永禄三年に石松但馬守尚季と改名していますから、無論又兵衛のものでありましょう。

天正十七年建立のものらしいのですが、何のために建てられた物なのかは不明です。……恐らくは、石松一族の祖として尊敬された方だったのかもしれません。

前々年の天正十五年に、豊臣秀吉により宗像家は廃絶されています。

この石碑は宗像氏貞が居城とした「蔦が嶽城」の山裾にあり、重臣中の重臣だったことが忍ばれます。

宗像家廃絶の後、石松又兵衛は剃髪して「可久」と号し、山田事件以来の犠牲者の供養を続けたとのことです……。

さて、嶺玄蕃の変死事件の後に少し話が戻ります。

天文二十二年三月二十六日付けで、長州の陶晴賢から彦山の座主《ざす》御坊宛の封書とともに、一札の軍令書が寺内治部丞の元へ届けられました。

内容は、座主宛の書状をまず彦山に持参し挨拶を遂げ、その後油断なく押し寄せて宗像氏続卿を討ち取れ、との厳命です。

陶晴賢は残る殺害対象である、

・七十七代大宮司の宗像氏続

・氏男の弟、千代松丸

……の二人を全く諦めていないのでありました。

しかし、と寺内治部丞は頭を悩ませます。

そうは言っても、軍勢を率いてあの彦山を攻めることは困難極まると。

ここで、霊峰「彦山」について少し解説します。

出羽の羽黒山、奈良の金峰山《きんぷせん》と並ぶ日本三大修験山であり、この当時は豊前国にありながら豊後国、筑前国、筑後国の各一部にまで支配地域が及んでいました。

守護の不入権があり、自治を行う全く独立した宗教勢力です。

鎌倉時代には既に九州全域を信仰圏とし、この頃には四国、中国にも信徒を増やしていました。

また彦山は常に武装し即応体制を整えた山伏集団を持ち、座主をその棟梁として周辺に睨みを利かせていました。彦山が戦略的に重要な位置にあったからですが、軍事面では全く戦国大名に遜色がないのでした。

座主とは、彦山衆徒、社僧、山伏などを統率する世襲妻帯の制度で、起源は後伏見天皇の第六皇子、安仁親王を統率者として迎えたことによります。正慶二年（一三三三年）のことと言いますから、山田事件のおよそ二百年も前のことです。

面白いのは、当時の彦山自体は女人禁制ですから、座主は彦山七里結界の西端、黒川院に屋形を構えていたことです。

七里結界とは、山の外縁部に広がる荘園を含めての呼称でした。

かなり大規模な荘園経営をやっていたわけで、外敵に対処する武装集団も同じような所に居住したでしょうから、組織を纏めるのに都合のいい面もあったのかもしれません。

しかし、宗像氏同様戦国の攻防によって、じわじわとその勢力は削がれていくことになります。

ところで、この「彦山」ですが、現在では「英彦山」という書き方になっています。

つまり「英彦山」と書いて「ひこさん」と読むわけです。

よく福岡県人は、地元でありながら「『英彦山』って『英』要らないんじゃないか?」という話をするんですが、大抵何で「英」の字がくっついているのか、その理由を知りません。

これは、享保十三年(一七二八年)四月に、彦山座主有誉が京都に上洛した折のことになります。

霊元法皇が「彦山縁起」について訊ねられ、お見せしたところ、それを書き写して手元に置かれました。

二カ月後、「彦山の鳥居には額がないようであるが、昔からないのか」との御下問があり、その通りと返事をしたところ、法皇から「勅額」を寄進したいとの申し出がありました。

そして、山号「彦山」に「英」の字を加えたいとの意を示され……何しろ勅意ですから承らないわけにはいかなかったのです。

「英」は美称または尊称のようで、霊元法皇は歌道の達人でしたから、その字面のセンスというのは、なるほどと唸らせられるものがあります。当時の彦山の人達も、ひょっとしたら唸ったかもしれません。

そして能書の方も大名人で、現在も皇室で受け継がれている有栖川流書道は、霊元法皇の書風が元となっています。

で、その「勅額」ですが、英彦山の標高六百メートル地点、表参道の起点となる場所にある銅鳥居に現在も掲げられています。

鳥居は肥前国主鍋島勝茂が奉納したもので、高さ約七メートル。黒々と聳《そび》えるその姿は堂々とした見事なものです。

また、霊元法皇の書を謂わば立体化した「勅額」も、実に独特で見所なのですが……まあ、この辺で話を軌道修正しましょう。

ちなみに、この勅額用の書を書いた後、霊元法皇は急に体調を崩し、間もなく崩御しています。

〈注1〉そもそもな話になってしまうが、「宗像軍記」では、石松又兵衛の役どころが吉田飛騨守尚時になっている。

吉田飛騨守尚時は、石松と同じく宗像家の重臣である。

山田事件の根本資料は、増福院所蔵の物を除けば「宗像記・宗像記追考」と「宗像軍記」であって、先に述べた通りいずれも成立年代は不明であり、著者不明な上に明らかな矛盾点がある。

つまり、幾つもの異説があるのだが、細かくそれを取り上げていると更に話が矛盾してくるので、なるべくこの本では「九州一の怪談」に寄り添う形にしていくことにしている。

尚、吉田飛騨守尚時は石松又兵衛と違って、ちゃんと怨霊に祟り殺されたことになっている。

土橋氏康の彦山攻め

さてここに、土橋越前守氏康《つちはしえちぜんのかみうじやす》という男が登場します。

二十五町を拝領した宗像家の門閥であり、宗像氏続卿の甥でもありましたから、何事もなければ家中でも重鎮になれたであろう人物です。

ですが、趨勢は完全に宗像氏貞一派に傾き、一家一族の多くは抗争によって殺害され、あるいは離散し、もはや昔日の勢いはありませんでした。

いや、勢いがないどころか、このままでは明日の命も危うい状況です。

氏続卿の甥という血統が、こうなると重くのし掛かってきます。氏続卿が討たれた後は、もしや自分の番ではないのか……。

そこで氏康は考え抜いたあげく、身を守るために重大な決意を固めました。

……いっそ、自らの手で氏続卿の首級《しるし》を上げ、その武勲を手掛かりに何とか陶晴賢に取り入り、土橋家を存続せしめるべし。

幸いなことに伯父の逃亡先とされる彦山は天然の要塞であり、寺内治部丞もおいそれとは手を出せず、ずっと空回りの軍議ばかりしている状況であるとのこと。

こうして、土橋氏康は一人白山城へ向かい、まず降参の血判起請文を差し出した後、首魁寺内治部丞との面会にどうにかこぎつけました。

「……奉公のしるしとしまして、何卒彦山への討手の役をこの土橋氏康へ申し付け下さりませ」

「氏続卿を御自ら攻め滅ぼされる覚悟とは……」

寺内治部丞は土橋氏康の人物を見定めようとしていたが、血統が良いだけあって一度決心すれば揺るぎのない、古風な武者の心延えをずっと感じていた。

この男なら、石に齧《かじ》り付いてでも使命を果たすかもしれない……。

……だがもう一方では、失敗して失っても損ではない人材であることも計算する。

「では、この大任を担うのを許す」

「はっ」

そして、先に陶晴賢から届いていた彦山座主宛の書面を渡し、その後その場での軍議となった。

現状、氏続卿を匿う彦山の側も警戒が厳しい。正面突破をするため、多勢の軍兵を集めて押し寄せる策は、彦山に信仰を寄せる諸国の武将もあり、政治的にも先が見通せず極めて下策である。

この際、油断の出るまで何もせず、小勢にて不意を襲うのがよいだろうと意見の一致を見た。

土橋氏康は元よりそう思っていたが、授かった策として日々吟味し、配下を揃え、細々とした準備を整えた。

そして、夏が過ぎ、紅葉を迎え、霜が降りる頃になってようやく土橋氏康は小勢に分けた家臣数十人を順次送り出し、自らも書状を携えて出立した。

黒川院に到着した土橋氏康は彦山座主宛の封書を差し出したが、座主本人は警戒したのか面会は叶わなかった。

それとなく、氏続卿の居所を応対した彦山衆の男に訊くのだが「知らぬ」の一点張りである。

それは想定していたので、宿として提供された坊舎へさっさと引っ込み、座主からの返事を待つふりをしながら、情報収集をしている家臣からの連絡を待った。

昼間は監視されていたようだが、夜になると周囲はしんとして動くものもない。

だが、真夜中に家臣の一人が音もなく忍び込んできて、こう報告した。

「山中に住まう、木樵《きこり》らしき男の言うには、玉屋谷《たまやだに》の杉坊《すぎのぼう》に歯を黒く染めたる貴人ありとのこと」

「……それだ」

年格好からも、まず間違いがないと思われた。土橋氏康は、山の中に潜んでいる家臣団に玉屋谷に集合するように指示を回すことと、その時刻と手筈を伝令役へ授けた。

数人の影が建物から吐き出され、その後はまた山里の静寂だけが辺りを覆った。

翌日、まだ日の昇らぬ内に土橋氏康は身支度をして密かに坊舎を発った。

玉屋谷の位置は調べてあった。その最奥部は彦山大権現垂迹《すいじゃく》の聖地であり、山内最古の窟寺である般若窟がある。

開山堂、鐘楼、坊舎やその他の建物がやがて行く手の木立の間から見え始め、その向こうには役行者《えんのぎょうじゃ》が荒行したという大岸壁が聳えていた。〈注1〉

彦山四十九窟の第一窟、般若窟はその岸壁に開いているのだった。

周囲には寺院の他にも幾分大きな建物が幾つかあり、それのどれかが杉坊なのだろう。

様子を窺っていると、数人ずつ手勢が集まりだした。

「あの門のある建物が杉坊との由」

一人がそう告げ、土橋氏康は頷くとその屋形を取り囲む配置を指示した。

そして最後の家臣が到着すると、間髪を入れず襲撃を命じた。

杉坊の彦山衆は、全く油断していた。

何の抵抗もなく正門を打ち破られ、大書院にまで大勢で突貫された。

ようやく抵抗を始めた彦山衆の打太刀の音が激しく響き、奥の山荘にいた宗像氏続卿は異変に気付いた。

「さては……」

ついに寺内治部丞が攻めてきたのかと佩刀《はいとう》し、こうなればせめてもの抵抗をと身支度していると、坊の主人が現れ、

「今ここで切り死にをして何の益がありましょう。早く、早く、落ちなされ」と、諫められた。

思い直した氏続卿は足袋のまま駆け出し、奥庭伝いに裏手の潜り戸から逃れ出でた。

が、既に左右の木立には伏勢が見え隠れし、掛け声を交わしながら、取り囲もうとひしひしと押し寄せてくる。

更には杉坊を突破した土橋氏康も背後から現れ、手勢とともに追いすがってきた。

最後まで氏続卿に付き従っていた数人が必死で押し止めようとしたが、次々と切り伏せられていく。

土橋氏康は、氏続卿の前に立ち塞がった助勢の山法師の角棒に苦しめられたが、懐に飛び込むようにしてこれを切り倒した。鉄輪入りの角棒がカラカラと山道の岩場を転がり、残るはついに氏続卿一人のみとなった。

既に手勢と数回切り結び、手傷を負った血塗れの氏続卿は、もはやこれまでと呟くと猛然として立腹《たちばら》を斬った。

その形相の恐ろしさ。

土橋氏康は背筋に厭なものを感じ、手勢に止《とど》めを促した。

数本の刀身が氏続卿を貫き、ようやくといった感じでその身体は力を失っていった。

天文二十二年十二月二十日のことであった。

氏続卿の最期を看取った直後から天気が崩れ、たちまちの大雷雨になった。異変を察知した他の寺院が撞く早鐘が轟々と響く中、猛烈な雨と雷に紛れて、土橋氏康は手勢と一団となって逃走用の山道を駆けに駆けた。

行く手に落雷があり、目が眩んで一度は立ち止まったが、もはや意に介している暇はない。山林への相次ぐ落雷に、古木の爆ぜる音が絶え間なく聞こえる。生きた心地もしなかったが大声で先を促し、更に進んでようやく麓路へ抜けた。

振り返ると山は黒々とした雲に覆われ、異常なまでの雷光が瞬いていた。ずぶ濡れの顔を拭い、また一心に早駆けする。

そして、凍り付くような冷たい雨にいよいよ耐えられなくなった頃、どうにか追っ手のないことが確認でき、一服して白山城を目指して彦山川の畔を歩き始めた。

その後、暫くすると雨が止み、雲の隙間から日も差してきた。

彦山川には濁流が渦巻き、道筋もぬかるんでいる。疲れ切った一同がとぼとぼと重い足を進めていると、行く手に行き倒れの死体があった。

人足のような身なりだが、衣服は燃え手足は黒焦げになり、硬直して岩を抱くような格好で事切れている。

「雷に打たれたな」

脇をすり抜けながら土橋氏康が呟くと、家臣の一人がこう耳元で言った。

「……あの者、氏続卿の居所を密告した木樵でござります」


〈注1〉岸壁の高さは、およそ七十メートル。現在では玉屋神社の社殿がそれに嵌まり込むようにして建っている。

千代松丸を田楽刺し

土橋氏康とその一行は、その後は変事に遭遇することはなく、無事白山城へと帰参できた。

そして、氏続征伐の一部始終を言上した。

寺内治部丞の喜ぶこと一方ならず、氏続卿の旧領五十町をそっくりそのまま賞典として下し与えるほどだった。

破格の待遇であり、土橋氏康はこれでようやく死地を脱したことを悟って深く安堵した。

……さて、と寺内治部丞は考えた。

土橋氏康が凱旋《がいせん》したからには、残る災いの種と言うべきは氏男卿の弟、千代松丸のみである。

あどけない幼児とはいえ、ここまできたら、もはや毒喰らわば皿までである。既に生母辨の前と一緒に、鞍手の沼口とかいう山里に潜んでいるのは目星が付いていた。

だが、事が事だけにあまり目立ちたくはない。

腹心を呼び、小勢で追っ手を掛けよと命を下した。

千代松丸の生母辨の前の元には、間もなく彦山からの知らせがあった。あの要害彦山にまで手の者を使わし、氏続卿を殺害するほどの執念を陶晴賢が抱いているのであれば、千代松丸とそして自分の身ももはや危険である。

共の者に支度を命じ、一縷《いちる》の望みを託して、敵地ではあるが大友領へと逃れることにした。

身なりは村人の格好をし、千代松丸を背負って、ひたすら目立たぬように山道を進んだ。

鮎坂山を越え、谷を下る。

だが幼児連れの道中は、なかなか捗らなかった。追っ手を気にしながら歩いていて、隘路《あいろ》の窪みで足を痛めた。

途中林の中でぐずりだした千代松丸をあやしていると、突然背後から呼ばわる声がした。

「そこの親子連れ！　動くでない！」

灌木《かんぼく》を掻き分け、十名ほどの武士がわらわらと現れた。

悪いことに、面識のある宗像家の武士である。それも、当初から陶晴賢に肩入れをしている一党であった。

「辨の前様、千代松丸殿をお預かり致します」

「……どうなるのか分かっていて、渡せるわけがありましょうか！」

既に共の者はいつの間にか逃げ去ってしまっていて、周囲には誰も味方はいない。

「では是非もありませぬ」

抜刀し白刃を光らす。そして、それを見せびらかすようにしながら、

「さて、どうなさる？」

「くどい！」

辨の前は、千代松丸を掻き抱くと取り囲む輪陣の一角を突いて飛びだした。

だが、両側からすり抜け様に足を斬られた。

地面につんのめりながらも、我が子を更に抱きしめる。

「御免！」

複数の刃が、辨の前の背中に突き立てられ、そして千代松丸をも貫いた。


この二人を哀れんだのか、恐らく当時の村人の手によって埋め墓が作られた。

それは、「おちいどん」と呼ばれ、いつしか五輪塔の墓石となり、長らく場所も分かっていたのだが、平成十三年に改墓され整備された。

県道九十二号線（宗像笹栗線）を車で辿っていくと、宮若市山口畑区の道路沿いに立派な御影石で造られたそれが建っている。

が、場所が移されており、「拝み墓」ということであるらしい。

旧墓所の位置は……ひょっとしたら、道路の真下になっているのかもしれない。

また、二人が殺害された辺りは「へんころし」と呼ばれ、地名として口伝された。「拝み墓」の説明板にもあるので、そのまま掲載する。

「宗像お家騒動の際殺害された千代松様・林昌院春幻智生禅童子と乳母お弁様・円通院花屋貞顔禅定尼の埋め墓と伝えられている塚おちいどんは、ここより南の方角およそ五〇メートルにあったが、土地改良事業にともないこの地に移した。なお、まつり墓は円通院本堂うらにあり、殺害の現場はここより東およそ三〇〇メートル『へんころし』と呼ばれる辺りと考えられる。また、ここから南二〇メートル付近の県道敷地下を『たちのわき』と呼んでいた。

二〇〇一年十二月　円通院　若宮町教育委員会　若宮町山口土地改良区」

説明板にある「円通院」というのは、この「拝み墓」の近くにある曹洞宗の寺である。由来は……これも、円通院の案内板にあるので、そのまま掲載する。

「やっとよちよち歩きを始めた千代松は母お弁の背中におんぶされて山奥のこの畑の谷に逃げ込んだのですが、疲れ切った母がころんだはずみに千代松が泣きだし、その泣声で追ってきた陶の家来に見つかり、親子抱き合ったまま殺されてしまったということです。跡継ぎとなった氏貞は祟りを恐れて千代松とお弁の二人をまつるために円通院を建てました。二人が殺されたのは一五五三年（天文二十二年）三月二十四日のことです」

――これを読んで「あれっ？」っと思われた方は、なかなか鋭い方です。

天文二十二年三月二十四日って、山田事件の丁度一年後くらいだから、それなら確か嶺玄蕃が崇られて死んだ頃なんじゃないの？

土橋氏康の彦山攻めって、その年の十二月末ってあったから、天文二十二年の十二月末だったんじゃないの？

……そうなんです。実は原本「九州一の怪談」の時系列は少しおかしいのです。

ここまでなるべく「九州一の怪談」に書かれてある通りの順番で、事件描写の雰囲気を崩さないように書いてきたのですが、少し頭の中で修正をして頂かなくてはなりません。

実際には、

天文二十一年三月二十三日　山田事件

↓

天文二十一年十二月二十日　土橋氏康の彦山攻め　宗像氏続卿暗殺される

↓

天文二十二年三月十八日　嶺玄蕃、赤城峠で怨霊と遭遇　玄蕃と一族変死

↓

天文二十二年三月二十四日　千代松丸と辨の前暗殺される

天文二十二年　夏頃？　←　野中勘解由と一族変死

こういう順番だったのではないかと思われます。

嶺玄蕃の変死以降、立て続けに怨霊が活動を開始していくわけです。

「九州一の怪談」では千代松丸と辨の前の親子が殺されたのは、天文二十三年の三月二十四日になっています。

原本では、「へんころし」の辺りの山里はすっかり春の様相です。

そして、竹林庵主人氏は、ひょっとして、これがやりたかったんじゃないかと思わせるような印象的なシーンがあります。

紅花の畑の中を逃げ惑い、我が子を庇いつつ切り刻まれながらも抵抗する辨の前。

「今は辨の前も鬼女のようになって仇の手にパックと咬《か》みついた。

咬みつかれて仇《あだ》は怒《いかり》の刃を肩先より斬り附けたが、それでも麻呂を手放さない。

遁《に》げる、逐《お》ふ、奔《はし》る、倒るゝ、斬る、叫ぶ。

紅花の畠《はたけ》の内を右往左往に環舞《どうどうめぐり》して、血は一面に畑地に流れ、未だ咲き乱れぬ紅花の蕾は散々に蹂躙《ふみにじ》られて韓紅《からくれない》に染めなした。

あわれ千代松丸殿も果《はて》は仇の手に渡《わたっ》て田楽刺《でんがくざし》に刺し殺されたので、眼前に之を見た辨の前は地団駄ふんで口惜《くやし》がった。

全身は仇の乱刃を浴びて鮮血淋漓《ちみどろかた》。唇は耳まで裂けて火焔吐く鬼女の如き形相となり、よろめきながら突起《つった》ち上る、

『うむ、此の欝憤《うっぷん》は死《しん》でも忘れはせぬ。後世の思出《おもいで》に屹《きつ》と見て居れ、紅花の白く花咲く間は、我の怨み永遠に消えやらぬぞッ』

とこの怨《うらみ》の一言を遺言として、麻呂とともに紅花の畑を紅蓮の臺《うてな》と往生したのである。

それかあらぬか今にこの地方では紅花を太《いた》く忌み怖《おそ》れて、代々植えない家があるそうだ」


……最後の紅花云々については、これを書いている時点に於いてまだ、そういう伝承があったのかどうか確認が取れておりません。

さて、「円通院」に話を戻します。

ここは非常に鄙《ひな》びた感じのお寺様で、座禅教室もやっているような、親しみやすいオープンな雰囲気のあるところです。

説明板にもありましたが、このお寺のお堂の裏手すぐに千代松丸・辨の前親子の「まつり墓」があるというので行ってみたことがあります。お寺内にある供養塔のようなものではないか、

という認識でした。

梅雨の時期でしたが、午前中の雨が上がるとカッと陽光が差してくるような感じで、じっとりと汗ばむようなすっかり初夏の陽気の日でした。

お堂の裏手には山が迫っており、その山際までコンクリートで覆われた細い通路が延びています。

どうやら、その先に墓はあるようで、雨に濡れたその上を滑らないように気を付けて歩いていくと、急に周囲は木々で鬱蒼として薄暗くなりました。

脇に何やら巨大な墓石があるので見ると、幕末の黒田藩重臣大音青山《おおおとせいざん》のものとあります。維新後、福岡県大参事になったと説明板に記してあったのですが、大参事が副知事に当たる役職とは知らずに首を傾げていると、反対側にはこれもまた大きな山崎羔三郎《やまさきこうざぶろう》の墓石があります。日清戦争のときに諜報員として活躍し、征清殉難九烈士の一人として称えられた有名な人物らしいのですが、スパイとして清国軍に捕らえられ処刑された等という説明書きには、正直全然ピンときませんでした。しかし、歴史の迷宮とでもいいましょうか、不可解な雰囲気に当てられて、だんだん何だか頭が混乱してくるような気分を覚えました。

やがて、というかほんのすぐの所に目的の「まつり墓」の在処が見えてきたのですが、まるでそれを守るかのように、女郎蜘蛛が両側の木の枝から巣を張って行く手を塞いでいました。

それも数え切れないくらい何重にも……。

私は蜘蛛が大嫌いなので、その丸々と肥え太った黒と黄色の姿を見て、引き返そうかなと散々逡巡したのですが、しかし、ここまで来て目的地を見られないというのは、とにかく癪《しゃく》です。

仕方がないので、身を屈めるようにしてどうにかすり抜けて勾配のある通路を上りました。

多分、殺生禁断の地でしょうから巣を取っ払うわけにもいかなかったのですが、不思議なことにぎりぎり進めるのです。

身を捩り、変な筋肉痛を引き起こしながら更にじわじわ進むと、それはありました。

……歴史そのものがこびり付いたかのような、黒ずんだ二つの墓石。

「あっ」と思いました。

枯れていない。……瑞々しい。

何がって？　……多分怨念でしょう。

何だか背後の山肌に紫電を発しているような感じで、何というのか、久しぶりに本物を見た恐ろしさに身を竦めて手を合わせていると、天気がまた崩れてきたらしく大粒の雨滴が顔に当たりました。

すぐに本降りになり、物凄い驟雨《しゅうう》の中、また蜘蛛の巣を避けてのろのろと進み、何とか帰途に就くことができました……。

怪談の黒幕切って落とさる

「九州一の怪談」では、この項に野中勘解由の悪夢の話が入っているのですが、怨霊の登場を待ち切れない方のために少し前倒ししました。

さて、二人の死に様があまりに異様で、かつ将棋倒しのようにバタバタと一族が変死していったものですから、後ろめたい気分を抱いていたであろう宗像領内の人々の間には、当然ながら「山田御殿の怨霊の祟りなのではないか？」との噂が駆け巡ります。

暮れ六つの鐘が鳴ると人通りも絶え、女子供は引き籠もり、日が暮れると門口の戸は堅く閉じられる。口々に「南無阿弥陀仏」を唱えて眠り、特に山田の御殿を荒らした雑兵等に至っては既に生きた心地もしなかった。

塵芥一つ目に入っても怨霊に祟られて失明するのではないかと危ぶみ、風邪の兆候でもあればいよいよ怨霊に取り殺されるのだと嘆く。

さあこうなると、一犬虚に吠ゆれば万犬実を伝う。

今日はどこそこで怨霊が現れたと言う人が現れ、俺も見たと相槌を打つ人が出る。

野辺の尾花、雲の千切れ、煙の末さえも怨霊の姿と疑われ、見るもの聞くもの何一つとして怨霊の祟りとしてならざるものはなくなってきた。

その怨霊の屍が埋められている山田の屋形には、そのために誰一人近寄る者がない。近寄るどころか、敷地から流れ出る小川のせせらぎにすら、指一本でも指す人がいなかったほどである。

こうして祟り話が蔓延したが、現に山田の屋形に仇をなした一族に限って凶事が多く、不吉なことが家に絶えなかった。

ある者は精神を病み、あるいは熱病に悩まされ、労咳その他の痼疾《こしつ》に罹った。……一番多かったのは自ら命を絶つ者で、これが次々と起こり過ぎてしまい……当初は口さがなかった領民達も、もはや口にするのも恐ろしくなってきた。

罰が当たっては堪らないと一様に口を噤み、火の消えたように怨霊の噂は終息してしまう……。

宗像領内はこうした暗い空気に包まれながらも、正式に大宮司になった氏貞のもと新体制が固められ、政治的には落ち着きを取り戻していたのですが、大内領内では本能寺の変に匹敵する下克上を成し遂げたとも言われる、あの陶晴賢のツキというか勝負勘が何だかおかしなことになっていきます。

大内義長を担いで領地経営に邁進していましたが、やはり所詮は簒奪《さんだつ》者といいますか、根深い恨みをあちこちで買っていたようです。

その中でも、祖父同士が刃傷沙汰を起こしたというほど、元々ずっと家同士が対立していた吉見正頼《よしみまさより》が反抗を始め、陶打倒を掲げて天文二十二年十月に石見で挙兵しました。

スローガンは「主君の敵討ち」。大寧寺で死んだ大内義隆の仇を討つという、実に分かりやすいものです。

鎮圧のために差し向けた陶の軍は、そのせいもあってか意気が上がらず撃退され、緒戦を落としました。

陶晴賢は腸が煮えくりかえる思いでしたが、何しろ戦略家でしたから、戦力の逐次投入という愚策は取りません。野戦に不向きな冬場を避け、雪解けを待って吉見を一気に叩き潰すべく、大軍を編成します。

天文二十三年三月。陶晴賢は満を持して二万人近い大軍を差し向けます。対する吉見側は千二百人程度。

これでは勝たないほうがおかしいのですが、吉見側は三本松城とその支城、下瀬城と御嶽城に籠城して抵抗しました。

四月より総攻撃を開始。しかし、なかなか城は落ちません。八月までに十二回の攻城戦が繰り返されましたが、何と全て失敗してしまいます。

一方、安芸国では毛利元就が五月十二日に挙兵。陰謀家の陶が、最近力を付けてきた毛利氏の弱体化を計って、いろいろ安芸国内に密書を送っていたのが露見したのが原因でした。

挙兵のスローガンは、勿論「主君の敵討ち」。毛利は、元々陶のことは大嫌いでしたが、反抗するには力の差があり過ぎたので今まで臣従していたのでした。

陶は軍三千を家臣の宮川房長に預けて急行させるのですが、六月に折敷畑の戦いで大敗します。

毛利元就は返す刀で安芸国内部の親陶勢力を一掃。着実に体制固めをしていきます。

つまり、六月の時点で優先すべきは明らかに毛利元就のほうなのですが、目の前の吉見正頼の首に執着する余り、陶晴賢は三カ月近く三本松城近辺に貼り付けられていたわけです。

そして九月になり、何と陶は仇敵吉見正頼と和睦。毛利軍が大内氏の本拠周防国へ侵攻し、放っておけなくなったためなのですが、この判断の遅れは実に陶らしくありません。

全くのくたびれ損で城の包囲を解いた大内・陶の軍は、本拠地へ帰陣。その後、安芸国へ侵攻すべく準備を進めます。

そして、天文二十四年九月、海路の要衝厳島《いつくしま》〈注1〉にある毛利方の宮尾城を落とすべく、陶晴賢は戦力を一挙投入します。

お得意の飽和攻撃戦略なのですが、その結果二万人が上陸して狭い島の中に犇《ひし》めくことになりました。

同十月一日、毛利軍の奇襲攻撃を受けて陸と海から挟撃され、大混乱に陥った陶の軍は総崩れになります。脱出のために舟を奪い合い、溺死者が続々と出る有様です。

もはや戦にならず、陶晴賢は逃亡を図りました。が、既に舟はなく、追い詰められて大江浦で自刃して果てました。

享年三十五でした。

何を惜しみ　何を恨みん　元よりも　この有様に　定まれる身に

……というのが陶の辞世の句なのですが、何だかこうなるのを知っていたような感じに読めます。

最初に挙兵した吉見正頼は、天文二十二年五月の段階で毛利元就に反抗の呼応を打診していました。

この辺りから釣瓶落としに陶晴賢のツキがなくなっていったと思われるのですが、それは千代松丸・辨の前親子が殺害された二カ月後のことでもあります……。

自刃した陶晴賢の首は家臣達の手によって隠されたのですが後に発見され、厳島の対岸にある桜尾城で首実検されています。

首は公卿衝重《くぎょうついかさね》と呼ばれる、檜の白木で作った折敷に、檜のへぎ板を折り曲げて台を付けた物に据えられていました。

なかなか立派な品物で、丁寧かつ敬意を払った取り扱いです。

毛利家重臣がその首を左右に取り囲む中、鎧甲冑姿の毛利元就と嫡男である毛利隆元《たかもと》が現れ、首実検が始まります。

元就は笞《むち》を取り、それを陶晴賢の首に打ち下ろして、三度まで叩き、

「科《とが》なき義隆を殺し、八逆罪を以て天罰遁がれず、殊更天子の勅勘を以て此の如し。誰に恨《うらみ》か有るべし」と言いました。

「お前は八逆の罪を犯した大悪人だ。天罰覿面《てきめん》、自業自得。恨むんじゃないぞ」といった感じでしょうか。

八逆とは、謀反、謀大逆、謀叛、悪逆、不道、大不敬、不孝、不義という大宝律令の「律」にある罪のことで、確かに全部当てはまりそうです。

更に首は公卿衝重から引き落とされ、地面に置かれました。

毛利元就は天子云々と言っていますから、これは正義は我にありと同義だと思われます。首を引き落としたのも、陶が罪人であることを強調したかったのかもしれません。

首はまた元就が陣僧に拾わせましたが、その首が結局何処に行ったのかはよく分かりません。

陶晴賢を失った大内家は陶の独裁の弊害で統制が効かなくなり、内紛と寝返りが相次ぎました。

弘治二年（一五五六年）毛利元就は、大内領への本格侵攻を開始。まともな軍事力を失っていた大内義長は長門の堅城且山《かつやま》城に逃亡しますが、弘治三年（一五五七年）に毛利元就の「許すから出てくるように」という書状に一杯食わされて開城してしまいます。で、元就に「嘘だ」と言われたあげくに自刃を迫られて、どうすることもできずに自害して果てます。

誘ふとて　何か恨みん　時きては　嵐のほかに　花もこそ散れ

……というのが大内義長の辞世の句なのですが、陶といいこの人達は、自分達は散々恨まれているくせに「俺は誰も恨まないぜ。恨みなんて不毛さ」と言わんばかりの様子ですねえ。こうして宗像領に大災厄をもたらした張本人達は、何というのかとんでもない下策の連発で皆死んでしまいました。

戦国大名、周防大内氏の事実上の滅亡であります。

……え？　大寧寺の変のとき、毛利元就は確か陶に与して大内義隆の一派を攻めたんじゃなかったのか、ですって？

自身も裏切り者で、同罪じゃないのかって？

……まあそうなんですが、勝てば官軍ですよね。誰もそんなことは言いません。
……実際、三百年も経つと子孫が本当に官軍になってしまいますしね。

〈注1〉厳島北東部にある厳島神社の祭神は、「市杵島姫命《いちきしまひめのみこと》」、「田心姫命《たごりひめのみこと》」、「湍津姫命《たぎつひめのみこと》」の三柱であり、それは「宗像三女神」と総称される。

鬼一口に母御前《ははごぜん》を喫殺《くいころ》す

こうして、大内氏は滅亡してしまいました。……ということは、超大国アメリカが内乱で滅亡した後の日本みたいな状態に宗像氏は陥ってしまったわけです。

近辺には、北朝鮮や中国……じゃなかった、大友氏や竜造寺氏や島津氏、その他の凶暴な国人領主がウジャウジャいて、虎視眈々と後ろ盾のいない宗像領を狙っていました。

「安全保障はどうなってしまうのだ！」と、まだ少年である宗像氏貞は思い悩むわけですが、健気なことに軍事力増強と国庫の増収を目指し、堅実な領国経営とは何かを探って日々勉強していました。

ところで、氏貞のお目付役の寺内治部丞ですが、この人の立場というのは中小企業に出向してきた大企業の役員みたいなもので、出向先で成果を上げてそろそろ本社への帰還も近いというところで、その本社がグループごと突如倒産してしまった、といった状況です。

完全な陶派でしたから、敵しかいない本国にはもはや帰るわけにもいきません。

そういうわけで、宗像領に根を下ろし、宗像氏貞の一家臣として生きていくことになったようです。

この頃の情勢ですが、九州では大友義鎮《よししげ》（後の宗麟）の活動が特に目立ちます。

弟の大友晴英が大内氏当主になっていたので、大規模衝突の懸念は身内同士であることから払拭されていました。

故に安心して、九州内の故大内義隆のものであった領地に勢力を伸ばすことができていたわけです。

特に筑前博多に目を付けており、ここの豊富な利潤を生み出す港湾を何が何でも手に入れたかったようです。足利幕府にいろいろと資金を提供し、活発な外交戦を展開していました。

そして、念願成就して博多を手に入れます。

ところが、毛利元就が盟約を破って九州に侵攻。撃退はしたものの、その一方ではあっという間に陶と弟が討たれます。

その勢いを以て再襲来した毛利軍は、どうやら義鎮がやっとの思いで手に入れた博多を狙っているようなのでした。

それに激怒した大友義鎮と毛利元就の決定的な対立の影は、これ以後長期にわたって北部九州全域を覆い尽くします。

そして、永禄二年（一五五九年）の春を迎えます。

桶狭間で今川義元を討ち果たし、あの第六天魔王織田信長が勃興してくる前年のことです。

氏貞の生母、照葉の方はもはや領内に憂いはなく御大方様《おだいほうさま》と一般に仰がれ奉り、瀧口の屋形で安泰な日々を過ごしていた。

国元の陶晴賢は滅んでしまったわけだが、考えようによっては政変を避けて、うまい具合に新天地に移ることができたわけで、元々気丈な性格であったから全くくよくよとした所がなかった。

怨霊の噂なども、耳にはするものの歯牙にも掛けず、たまに領内で起きる一族変死事件も何かの流行病だと思っていた。

政治のほうでは、弘治三年に許斐氏任《このみうじとう》の謀反があったものの既に鎮圧に成功し、照葉の方の身辺はその時期を含めても平和そのもの。〈注1〉

十二歳に成長した色姫〈注2〉を相手に、日がな一日楽しく遊び暮らしていた。

その日は陽気がよく、春色の濃くなってきた屋形の背後の山稜を眺めながら、色姫の求めに応じて、他愛のない双六遊びに興じていた。

何げなく振った賽の目は、良い出目の連続で、十二の手駒は勢いよく色姫の陣地に食い込んでいく。

色姫は苦戦であったが、初めの内はそれでも嬉々として笑い興じていた。しかし、まるで勢いのない出目しか出ない。

だんだんと鬱屈した様子になるものの、それは年頃の娘の普通の姿であった。

敗色が濃くなり、もはやこれまでと思われたところで、色姫の気色がおかしくなった。突如として蛇のように身をうねらせ、髪を蓬に振り乱し、まなじりを吊り上げスックと立ち上がった。

それまで見たこともない異常な血相に照葉の方が動けないでいると、色姫は大口を一杯に開けてカチカチと歯噛みを始めた。

そして、飛鳥の如く身を躍らして、照葉の方の喉笛にあんぐりと食らいついたのである。

照葉の方は悲鳴を上げ、両腕で色姫を引き剥がそうとした。

しかし、凄い力でますます蛇のようにしがみついてくる。

噛み付いた喉笛も、全く容赦がなくごりごりと歯が食い込み、血管が切れて血が迸った。

その生き血を啜る水気混じりの気息が続き、そしてまた顎に肉を食いちぎらんばかりの力を込めるのだった。

その場にいた若い侍女どもはすぐに駆け寄ったが、あまりのことに仰天してただ立ち騒ぐばかり。途方に暮れてどうすることもできないでいた。

そうこうする内に出血は激しくなり、悶え狂う二人の身体の周囲が血溜まりになってくる。

照葉の方は必死に喘ぎながら、色姫の髻《たぶさ》を掴んで頭を引き離そうとした。だが、やはりどうしても離れない。罵声を浴びせても、色姫は座った目つきで動じなかった。

気力が萎えようとした頃、奥勤めの老女の局達が知らせを聞いて駆けつけてきた。

狂乱の姫の背後から抱きつき、数人掛かりで手や足を掴んで袖の千切れるまで引っ張り争ったが、それでもやはり食らいついた歯噛みを離さなかった。

老女の一人が機転で蝋燭《ろうそく》を点し、その炎で色姫の口元を炙った。〈注3〉

狂乱の色姫もその熱さに「ヒャー」と悲鳴を上げ一瞬口を離したので、その機を見逃さず侍女達は両側から二人を引き離した。

照葉の方は胸元を滴る血で真っ赤にしながら、抱えられるようにして奥へと逃げ出す。

色姫はこれを見るやすぐに走って追いかけようとしたが、家中の腰元達が立ち塞がってそれを阻んだ。

色姫は口惜しそうに何か呟いたが、今度は癇癪《かんしゃく》を起こしたかのように荒れ狂いだし、双六盤を投げ倒し、香箱を蹴散らかし、几帳を踏みしだき、絵障子を叩き破り、室内を渦巻くように駆け巡った。

侍女達はとても近寄ることができず、遠巻きに眺めるしかなかったが、また突然に色姫はぱったりと床に俯せて、息絶えたかのように静かになってしまった。

急にしんとした中、どうしたものかと立ち騒ぐ侍女達の声が次第に喧しくなってきた頃、色姫は大きく息を吐き、ゆっくりと立ち上がった。

蓬《おぼろ》なる黒髪を大童《おおわらべ》に振り乱し、血に染まった歯を戦慄《わなな》かし、如何にも恨めしそうな金切り声でこう言った。

「我を誰かと思う、山田の後室が怨霊であるぞ。忘れもせぬ年こそ変われ今月今日、我が寵愛の菊姫を殺した因果は覿面、今ぞ思い知ったであろう。やはか怨みの生き血を吸わいでおこうかや。一門一家遠からず皆殺しにしてくるる。ここの屋形も三年経たずうち、茅薄《かやすすき》の野原にして見する」

そう喚《おめ》き叫ぶ音声《おんじょう》は瀧口の屋形に轟き渡り、人々を震動せしめた。

やがて、普段は立ち入りを許されていない大奥付きの侍達が姿を現し、屋形内が更に騒然としてきた。

皆、佩刀していたが、それを見ても色姫は鼻でせせら笑い、むしろ恫喝する。

「そんな物を恐るる我ではない。無礼者め、ぐずぐずしているとその方らも食い殺すぞッ」

折しも早打ちの知らせを受けた宗像氏貞が、蔦が嶽城の本丸から取るものも取りあえず単騎で駆けつけてきた。

屋形に入ると、ぷんと生臭い血潮の臭い。表書院に駆けつけると座内は点々と血が滴ったままで足の踏み場もない。

同じ頃に到着した典医良梅軒《りょうばいけん》が、横たえられた照葉の方にあたふたと止血を施しており、訊けば妹である色姫が狂乱し、母の喉笛に食らいついたという。

しかも山田の後室の怨霊だと名乗りを上げ、すっかり乗り移られた態で今も奥で荒れ狂っているとの注進があった。

「そんな馬鹿な話があるか！」

氏貞は一件を話した家人《けにん》を足蹴にして、色姫の元に向かった。

奥では数人の武士が半円形に座して色姫を取り囲んでいた。だが彼らの顔色は死人のようで半ば放心し、氏貞がやってきても上の空であった。

狂乱しているはずの色姫は北庇《きたびさし》の欄干《らんかん》にぽつんと一人凭《もた》れて、無心に春靄の空を眺めている様子であった。

それは……普段の色姫の佇まいであった。……たった一人の、一歳違いの愛おしい妹。

ただ、その装束は赤黒く濡れてテラテラし、口元や頬には固まった血糊がべっとりとこびり付いている。

「……お色」

氏貞が近寄り、その手を取ろうとすると、その表情が二の句が継げなくなるほど激しく一変した。

「……うむ。よくも来ました」

立ち竦む氏貞に向かって、明らかに色姫のものではない老女の声がそう語り始めた。

「氏貞殿、性根を据え、耳朶《みみたぶ》を洗って屹度聞きましょう。そも我、山田の後室は殿のためには何人《なんびと》であろう。また、山田の我が菊姫は殿のためには何である。よも、赤の他人ではあるまいがな。血脈続く義理ある大事の方様ばかりであろう。それに何事ぞ。浮世の義理人情に悖《もと》りて刃を我らに推すとは言語道断。ああ、何怨《なにうらみ》あれば我が山田の御殿を騙し討ちした。何咎《なにとが》あれば我とともに我が姫までも殺害せしめた。浮かべる雲の富貴に心迷うてか。現つ幻の栄華の夢に憧れたさか。苟《いやしく》も人の子として義理ある母人《おや》を殺し、姉を殺し、尚飽足《あきた》らで氏続卿、千代松丸殿、辨の前までも非道《むごたら》しう皆殺しにして、それで枕を高く眠られようと思うか。我が身を抓りて人の痛さを知れ。現在の生みの母人が今目の当たり、苦痛の様を何と観る。腸《はらわた》千切るるばかり無念とは思わぬか。無念の涙は我とても同じこと。我の怨霊は殿の一代に祟りをなし、この鬱憤を晴さで置こうや」

そして真っ赤な口を裂けんばかりに開き、怒り叫んで氏貞の喉笛に隙あらば食い付かんとする気色を見せた。

だが、言葉の一つ一つが氏貞の心の中の何かに響いていた。もはや目の前にいるのは、妹の色姫とはまるで違うものであり、真に山田の後室の怨霊であると確信していた。

氏貞は潸然《さんぜん》として涙を流しながら、

「さても浅ましの御事かな。怨みの数々は確かに心魂に徹し申した。さわれ氏貞は当時未だ乳臭き幼少で塵多き浮世の何事も存じわきまえず、さりとてその罪悪は元より身に逃れ難い、甘んじて御怨《おんうらみ》の矢面に立ち申そう。……とはいえ、ここは暫し待たれよ。もし我を取り殺されたら、今日までも連綿と世々打ち続いた由緒ある宗像家も一朝にして煙と消ゆるを何にとかせん。それやこれ思い廻せばさすがに命惜しまるる。せめてもの罪障消滅に名僧を招じて、香華を供け、宮司を聘して音楽を奏で、盛んに大法会を営み、大祭典を行うて神仏と崇め、御跡懇ろに弔い申さん、哀れ乞い願わくば受けられよ。かくて怨霊の祟りは朝の露と消え失せたまい、蓮華降る彌陀《みだ》の浄土に浮かばせ給うこそ願わしけれ」

と、心の底から真摯に訴えた。

だが、色姫は聞き流している風で厭らしくニタニタと笑い、時折舌を出しては唇に付いた照葉の方の血を舐めていた。

そして、急にがっくりと膝を折ると、また欄干に凭れ掛かり、見る間に他愛のない顔に戻るとすやすやと寝息を立て始めた。

遅れて駆けつけた蔦が嶽城の家臣が後ろでそのやり取りを聞いていたが、氏貞もその家臣達も呆然として途方に暮れるしかなかった。

屋形の外は集まってくる人馬の声でずっと騒がしかったが、早馬が次々と駆け込んでくるような、一段と激しいざわめきが起きて思わず一同は振り返った。

「一体、何事か?」

「申し上げます!」駆け込んでくるのは家臣達の家からの急報を知らせる使者であった。

「只今、若子《わこ》様が突然に狂乱せられ家に放火せんとて、暴れ猛られております!」

「申し上げます！　只今、親人《おやびと》様が急病に罹られ、御危篤でござりまする！」

「申し上げます！　只今、奥様が大熱に浮かされて、井戸に飛び込まれました！」

凶報は、尚も次々ともたらされた。

家来達は取り乱し、氏貞の許しを得て帰っていった。集まっていた人数が櫛の歯を引くように少なくなり、皆戦慄の余り、立ち歩くのもやっとであった。

この日は、丁度怨霊の七回忌に相当する三月二十三日であった。

この日の内に、氏貞の家人の一族中、突然に無惨の死を遂げた者は実に八十三人に達した。

他に、照葉の方や色姫のように物狂いとなり、あるいは不慮の重傷を被った者は殆どその数を知らなかったという。


〈注1〉謀反の他にも、弘治三年四月二十四日には宗像社辺津宮第一宮が焼失する火災があった。

〈注2〉「九州一の怪談」では、宗像色姫は「菊花媛《きくはなひめ》」という呼称になっている。出典も分かっているし関連文献でも使用頻度が高いのだが、ともかく「菊姫」と紛らわしいので、歴史書などではより一般的に呼ばれている「色姫」を使用することにした。

〈注3〉「九州一の怪談」では、機転を利かした老侍女が色姫をくすぐって、思わず笑った隙に二人を引き剥がすのだが、どうもしっくりこないので「楢葉の露」（上妻国雄著）の描写から拝借した。

「楢葉の露」も「九州一の怪談」を下敷きにして山田地蔵尊の由来を書き起こしたもので、宗像の郷土文化の顕彰を目指した地元研究者の著作である。

特に附章の「宗像記と宗像軍記」は食い違う二つの資料の問題点を、分かりやすく考察していて興味深い。

また、面白いことには巻末に出版賛助人のリストが載っているのだが、筆頭に当時の出光興産株式会社店主、出光佐三氏の名前が挙げられている。

海賊と呼ばれた男、出光佐三氏は宗像大社の熱心な信者であり、戦後荒廃していた神社の再興に尽力した大恩人として知られているが、一方ではこうした伝承の保存活動にも力を惜しまなかったことが分かる。

沖ノ島の本格的な学術調査を初めて行ったのも、同氏が会長だった宗像大社復興期成会だった。

その言葉がある。

「私の育った町は特殊な土地柄で、宗像神社という有名な神社があった。私はその御神徳を受けたと考えている。私はいま神社の復興をやっているが、神というものをいまの人はバカにしている。私どもにはバカにできない事実がたくさんある。私の会社は災害を一度も被っていない。理屈はいろいろ付くかもしれないが、社員は神の御加護と信じているのだからしょうがない。また信じないわけにはいかないだろう」

出光の製油所やタンカーには、今でも宗像の神が祀られているそうで、意外にも遠洋のシーレーン上を宗像三女神は頻繁に行き来していることになる。

襲来

色姫は、その後長く正気に戻らなかった。一日の大半をぼうっとして過ごし、夜中に突然けたたましく笑いだし、急に癇癪を起こして荒れ狂ったり、何日も食事を摂らなかったりした。日常の一切を世話しないと、生きていけない状態に陥ってしまった。

喉を抉られてしまった照葉の方は、傷が化膿し一向に癒えず、寝付いたままであった。深々とした傷は重く疼き、苦痛の余り昼夜さめざめと泣く。

典医二人が常時付き添い、施薬や介抱をするのだが詮のない日々が続いた。

氏貞は怨霊との約束を果たすべく、名僧智識を招じ、自ら施主となって大法会を営んだ。

山田の後室は増福院殿栄林妙秀大姉《ぞうふくいんでんえいりんみょうしゅうたいし》、菊姫御前は青松院殿心源妙安大姉《せいしょういんでんしんげんみょうあんたいし》、次で花尾局は春窓了月信女《しゅんそうりょうげつしんにょ》、三日月は清外智浄信女《せいがいちじょうしんにょ》、小夜は妙相貞順信女《みょうそうていじゅんしんにょ》、小少将は智覚了性信女《ちかくりょうしょうしんにょ》と、それぞれ法名を諡《おく》り、土饅頭の苔《こけ》を払い、新しく墓石を建立した。

だが、廃屋になった山田の御殿は三月二十三日から夜になると、当たり前のように火の魂《たま》が飛び回り始めていたのだが、それが一向に消失しない。

白山の峰続きである孔大寺山中の風穴の底からは女の経を読む声がし始め、それが風に乗って聞こえたという白山城の櫓が石垣ごと急に崩落したり、千代松丸の殺された鞍手の村からは、

「へんごろし」の地で夜な夜な響く子供の泣き声が一向に止まないと報告がある等、怪事変事は引きも切らなかった。

領内での疫病の発生も治まりを見せず、ここに至って氏貞は怨霊を神として斎《いつ》き祀ることにした。

田島の里に神殿を造営し、荘厳に御霊移しを行って舞楽を奏で、氏八幡と号し奉った。

しかし、それでも凶事は続いていた。

氏貞は、山田の御殿の側に寺院を建立することにし、これを妙見山 増福庵と号して怨霊の菩提所として定め、六人の位牌を本堂に安置し、香華供物料として田地二町を寄進した。〈注1〉

かつ鞍手郡山口村にも千代松丸母子のために、円通院を建立し、千代松丸には林昌院《りんしょういん》春幻《しゅんげん》智生禅童子《ちしょうぜんどうじ》、辨の前は円通院花屋貞顔禅定尼《えんつういんかおくていがんぜんじょうに》という法号を諡った。

氏貞は、全く息つく暇もないのですが、この頃大友義鎮は莫大な献金運動が功を奏して豊前と筑後の守護に任ぜられ、更に勢いを増してきました。永禄二年十一月には九州探題職も手に入れるのですが、当面の障害はあの毛利元就でした。

毛利勢は既に天文二十三年（一五五四年）十月に大友方の守る門司城を落とし、北九州侵攻への拠点を作っていましたが、同年十月十三日には逆に大友方の精鋭一万五千に攻められて、やむなく関門海峡を渡って山口側へ撤退していました。

この戦いに敗れた毛利は、北九州の諸豪族へ探りを入れて味方に引き込み、連合して大友に当たろうと調略作戦を展開します。

秋月《あきづき》氏、筑紫氏は大友の支配に対してこれを快く思っていなかったので、毛利と組みすることにしました。更に自らも周囲の有力国人を引き入れようと説得工作をしていたのですが、これが大友義鎮に勘付かれてしまいます。

激怒した義鎮は二万の兵を以て、弘治三年（一五五七年）六月に秋月征伐へ乗り出します。七月八日に始まった城攻めは壮絶なものとなり、当主秋月文種《ふみたね》の嫡男晴種《はるたね》は包囲されて討死に。文種も、十二日に燃えさかる古処山《こしょざん》城で自刃しています。

不幸中の幸いというべきか、落城寸前に秋月文種の遺児三人が近臣の手によって脱出に成功し、毛利を頼って周防国山口に落ち延びました。

後にこの遺児達が成長して、仇の大友氏を散々苦しめることになります。

筑紫氏のほうは秋月の落城を見て、反抗の気力をなくし、自ら城に火を放って当主筑紫惟門《ちくしこれかど》は嫡男広門とともに、やはり毛利を頼って海路山口に落ち延びています。

断然これで大友方有利かと思えましたが、永禄元年（一五五八年）二万の毛利軍が再び門司城に襲来、これを奪還しました。

大友方は、すかさず城攻めを開始します。しかし、今回は敵も前回の苦い経験があったためか、これをなかなか落とせません。

この門司城を巡る攻防戦はどんどん規模を拡大し、期間も数年に渡るのですが、宗像領から見れば目と鼻の先でこういう凄まじい攻防が行われているわけで、これではどんな火の粉が降りかかってくるのか分かったものではなかったわけです。

実は氏貞は、この頃まで同盟関係上では、大友氏に従うことにしていました。

これは元々宗像氏が大内氏の幕下にあったためで、出自が大友氏である大内義長と陶晴賢の統治時代というのは実質、九州勢から見れば大内・大友の二重帝国みたいなもので、結局同じ穴の狢《むじな》です。つまり、両方に従属する状態にあったわけです。

ですので、大内氏亡き後は、陶晴賢の時代に関係を深めた大友氏に従わざるを得なかったのでした。

また、宗像郡内にあった旧大内氏所領「西郷庄《さいごうのしょう》」の頭領河津隆家《かわづたかいえ》が自領を氏貞に服属することに決めたという一因もありました。これを喜んだ氏貞は、この戦略上の重要地域を、どうしても手放したくなかったのです。

この西郷庄の精強な郷士集団は「西郷党」と呼ばれ、このように自己決定権を保持するほどの実力があったわけで、自分の旗本に加えることができれば大変な心強さでした。

この帰属問題の時点で、もし氏貞が「俺は毛利に与する！」なんて言ってしまったら、当然激怒した義鎮が大軍を引き連れて現れ、焼き討ちにやってきたことでしょう。

大友氏に従っている限りは、込み込みで大友方ということになりますからそれは大丈夫なわけでした。

……ところが、氏貞はあの秋月氏や筑紫氏と同じく密かに内通して、大友氏から離反し、毛利氏に組みすることに政策を転換してしまっていたのでした。

実はこのことが漏洩しないように秋月攻めには大友方として参加していたのですが、若い氏貞にはそれぞれの思惑で動いてしまう家臣団の統制は、まだうまくできていなかったようです。ですので、大友に近しい考えの者もいて、こっちはこれで内通していたものと思われます。

永禄二年（一五五九年）九月二十五日、宗像鎮氏の軍勢が宗像領を急襲します。〈注2〉

どうも大友方にいた宗像一族傍流のようで、全然赤の他人というわけでもなさそうですが、謂わば宗像領当主の首のすげ替え要員として機を窺っていたようでした。

つまり、毛利への内通がとっくにバレてしまっていたんですね。

宗像鎮氏の「鎮」の字は大友義鎮から偏諱されたもののようで、それなりに重用されていたのではないかと思われます。

主力は大友方立花勢で、たちまちの内に支城を落とし、氏貞の居城蔦が嶽城にその大軍が迫ってきました。味方の中には、内通組なのか露骨に鎮氏側に寝返る一団も出る始末です。

彼我の戦力差を見抜いた氏貞は、

「是非に及ばず」

……と言っていたら面白いのですが、あの織田信長顔負けの電撃撤退戦を敢行します。あっさりと蔦が嶽城を捨て、北上して「詰めの城」大島へと渡航。これは宗像家臣団を引き連れての結構な規模なものだったようで、水軍その他を動員して、追いすがる大友勢の舟を島に近寄らせることを阻みました。

この珍しい水際撤退戦を成功させ、戦力の温存に成功した氏貞はその後、宗像鎮氏に従った家臣らに対して調略を進めます。つまり、再度の寝返りを促したわけです。

そして機を見て、逆上陸作戦を開始。敵の各個撃破に成功します。反撃には、あの「西郷党」が尽力しました。

援助を求めていた毛利氏の軍勢も合流し、やがて永禄三年には宗像鎮氏が籠もる許斐山城を奪還します。

恐らく門司城攻防戦にも手勢を裂かれていた大友勢は形勢不利と見て撤退し、氏貞は所領の回復にも成功します。

こうして外敵の襲来に身を削り、内では怨霊の祟りに悩まされ、少年大名宗像氏貞は戦国の過酷な世界を生きていかねばなりませんでした。

〈注1〉このときの氏貞親筆花押付きの寄進状は、今も増福院に保存されている。

〈注2〉「九州一の怪談」では、大友方重臣、立花鑑載《たちばなあきとし》、奴留湯融泉《ぬるゆゆうせん》、高橋鑑種《たかはしあきたね》らが攻めてきたことになっている。彼らも参加していたのかもしれないが、宗像鎮氏がやはりこのときのキーパーソンであろう。

怨霊の平釜

宗像鎮氏の軍勢は、宗像郡の東にある遠賀郡の辺りにも侵攻したようで、永禄二年（一五五九年）九月二十六日には遠賀郡領主、麻生次郎が自害しています。

何処かで聞いたような名前ですが、この麻生次郎は遠賀郡吉木にあった岡城の城主麻生隆守と同一人という説があり、このとき岡城が落とされたのだとも思えますが、一般的にはかなり以前の天文十五年（一五四六年）に大友氏家臣瓜生貞延《うりうさだのぶ》によって落とされ、以来大友方の城になったということになっています。

山田事件（一五五二年）のとき、山田の後室が「姫の命だけ助けて氏貞には殺した由申して、今夜の内に密かに遠賀郡吉木の麻生家の元に隠してくれないか」と言っていたのは吉木にあった岡城を指しているようで、「既に吉木麻生氏はなく大友氏の城では？」という疑問を持たれたディープな歴史ファンの方は、麻生次郎の存在で安堵されたと思います。

前者の説が正しければ、更にいいのですが。

いずれにしろ、逆襲に燃える宗像氏貞は永禄三年には遠賀郡に侵攻し、この岡城を手に入れ、一帯の支配を確立します。

遠賀郡には筑前一の大河遠賀川が流れ、領地はその西岸地帯に当たります。そして、その河口付近には山鹿庄《やまがのしょう》芦屋津《あしやづ》があり、鋳物の工人集団が鎌倉時代から存在していました。

産出物では特に茶釜が有名で、茶室の主人とも言われる「茶の湯釜」の形態を初めて造りだした地だとも言われます。

現在九個ある国の重要文化財の茶釜の内、八個までが芦屋の釜で、その制作技術は抜きんでていました。

厚さ二ミリほどの薄作りで、しかも丈夫で軽い。秘密は実は原料の砂鉄に含まれるチタンなのではないかと言われています。その含有率が高かったわけです。

芦屋津は長らく大内氏の庇護下にあり、趣味人であった大内義長も重要視していた所です。

つまり、大内氏遺領の一つであり、宗像氏貞はこの工人集団も管理下に置くことになりました。


　さて、宗像氏貞配下の家臣団は対大友氏の軍議を日々行っていたわけですが、領地経営上どうしても怨霊に関しての議題が俎上に登るのでした。


「……相も変わらず、怨霊の噂は引きも切りませぬ」

「御大方様も姫様も、一向に御快癒の兆しなし」

「……巫女や山伏を招聘して加持祈祷を催したが、然したる果報もなし」

「どうしたものか……」

その席で、比叡山に祈祷の名人と言われる名僧がいるらしいという話が出た。名を目祐《もくゆう》〈注1〉ということ。

氏貞に願い出て、これを招聘するということで一同決した。

知らせを受けた目祐は、書状に綿々と綴られた宗像家直々の懇望に接してこれを承諾した。

比叡山から筑紫路を目指し、陸路海路を一心に急いだ。

長旅の果て、ようやく宗像領に入り、歓待を受ける。

そして、祟りの一部始終を聞いて驚くこと一方ではなかった。

「世に祟りは数々あるが、かくも怨霊の猛烈なるは類例《ためし》少なし」

尋常一様の祈祷では静まるとは思えないと言い、ただ一つここに天台の秘法があり、それしか手立てはないとのこと。

――大形な平釜を鋳させて、暴れ猛る墓の上に打ち伏せ、天台の秘密の法力を持って土中深くに封ぜる。

その奇抜な方法に宗像家のものは皆驚いたが、早速芦屋津の釜師を召し出し、報酬の黄金は所望に任せるので、丹精を凝らして地金厚く堅牢な大釜を三つ鋳造せよと、厳命を下したのだった。〈注2〉

釜師一同は、経緯を知らなかったので有り難いことだと命を受けたのだが、その御用の大釜を鋳る内に奇怪なことが度々起こり始めた。

焼き窯の火が異常に燃え上がって釜がひび割れたり、釜師が火炎を受けて大火傷を負ったりした。

事故が相次ぐ内に勘付く者があり、百方口実を設けて作釜を辞退する工房もあったが、既に受けてしまった仕事であり、厳命に背けば宗像家の怒りを買い、芦屋津全体にどんな災禍が降りかかるかも分からない。

泣く泣くどうにか平釜三口《こう》を鋳上げ、これを納品した。

平釜が三つだけなのは、菊姫と山田の後室は同じ棺に納められ、侍女もまた二人ごとの埋葬であったから、寄せ墓となり当時墓は三基しかなかったためである。〈注3〉

三つの大釜は出来上がった。……が、今度は怨霊の墓を暴いてこの平釜を打ち被せるほどの勇気のある者が下々に一人もいない。

誰も彼もが尻込みして埒が明かず、やむなく家中の勇士を選び募った。そして、怨霊の墓を倒し壙土を暴いて、土中に大釜を伏せ、再び元のように土を均して墓石を建てたのである。

その異様な有様の墓所の霊前に、祈祷の壇は設けられた。

十字の縄床を張り、採燈のために一尺八寸の壇木を高く積み重ねて大護摩を焚く。

やがて目祐は夜半に壇上へ現れ、秘密の九字を切り、印を結んだ。

どっかと結跏趺坐《けっかふざ》して本覚真如の念珠を揉み鳴らし、陀羅尼経を読み一心に祈念する。

不意に立ち上がり、打ち振る鈴の響きに耳を澄まし、空に花弁を散らし、風に聖水を降らし、瑜伽《ゆが》三密の定に入る。

目の前にある護摩木は火柱となって燃えさかり、火の粉は乱れ飛んで目祐の法衣の袂を焼いた。だが、祈念する姿は全く小揺るぎもしない。

これを見ていた者達は常人とは思えない名僧の大道心を感じ、これで祟りも鎮まるのではないかと半ば確信した。

目祐の祈祷は明け方に掛けて延々と続けられ、壇木が燃え尽きた頃にようやく終わった。

だが、暁を迎えた頃から異変が起こった。

天候が急に崩れ、あれよという間に大雷雨となった。天の柱は折れ、地の軸は裂けんばかり。稲妻は乾坤《けんこん》震動し渡り、孔大寺山の風穴からは俄に旋風吹き起こり、家を倒し人畜を傷つける。

今にも山津波が漲りきたらんかと思うほど雨は激しく、閉じきった家々の中は丸一日の間常闇の奈落に陥って物の形も分からないほど。

しかし、どうにかやり過ごしている内に、空は拭ったようにカラリと晴れた。

宗像家の家人は命じられて山田の御殿の様子を見に行ったが、蒼白になってすぐに帰参してきた。

曰く、怨霊の墓石は倒れ、墳土は吹っ飛び、土中に伏せた平釜は三つとも粉微塵に砕けて周囲に散乱している。さながら、火山でも噴火した痕のようだと。

これを聞いた目祐は衝撃を受けた態で、

「今はまだ我が法力も及ばず」と言い、引き留めるのを振り切って早々に帰山してしまった。

平釜を作った芦屋津の工人達の間には、その後も凶事が相次いだ。

病気や事故のために次第に後を継ぐ者がいなくなり、そのため優美さで名を馳せた「茶の湯釜」の粋、芦屋釜はある時期から不意に姿を消してしまったのである。

〈注1〉「増福院祭田記」では「日祐」となっているようだ。この名の僧は当時比叡山にいたらしく、後に天正期に入り洛北で学堂を開くなど業績を残している。ただし、同一人物かどうかは不明である。

〈注2〉「増福院祭田記」では、釜の数は二つで、山田の後室の墓と菊姫の墓に被せている。この釜の破片は、今も増福院に保存されている。

〈注3〉「九州一の怪談」では、この部分で、山田の後室の墓、菊姫の墓、侍女四人の墓で三基と数えている。山田事件後の記述と矛盾するのだが、「増福院祭田記」の記事を参照していてそうなったのではないかと思える。

岳山城

現在、「芦屋釜」は復興に尽力している方々がおられ、ここでは怨霊譚から外れてその衰退についての歴史的経緯を記述しておきたいと思います。

実は十六世紀に入ってからは、茶の湯の文化の担い手が京の公家・武家・寺社などの階層から、堺・奈良・京都の町衆らに移っていきます。それは唐物趣味を珍重した上流階層の茶の湯から、後の「侘び」の世界へと通ずる「茶道」への変移期であり、芦屋釜はその流れの中ではどうも好まれなかったようです。

そのため、需要がどんどん減っていきました。更に京の三条釜座に於いても釜が造られるようになり、遠方の芦屋津にまで注文する必要がなくなりました。

庇護者であった大内氏からは梵鐘《ぼんしょう》や寺院への奉納品の注文があり、関係も深く、工人町はまだ機能していましたが、生憎例の「大寧寺の変」が起こってしまいます。

大内義長が陶晴賢に討たれた後、恐らく制作依頼の激減があり、芦屋津の工人達は各地に四散します。

「越前芦屋」「伊勢芦屋」「博多芦屋」「伊予芦屋」「石見芦屋」「肥前芦屋」「播州芦屋」等、それぞれで芦屋風の釜を制作しました。

また、大友勢の北上に伴って直接の統治者であった麻生氏が弱体化していきます。

更に鋳物の生産量は減り、芦屋津に於いては、慶長五年（一六〇〇年）に遠賀郡岡垣町の高倉神社に納められた梵鐘を最後に、作例が見られなくなりました。
根源的には鋳物の原料の砂鉄が採れなくなったせいではないか、という説があることも申し添えておきます。

怨霊譚にある「平釜」ですが、茶の湯釜に「平釜」という釜形が確かにあり、東山時代や桃山時代の芦屋平釜が伝わっています。
しかし、形は平べったいとはいえ空飛ぶ円盤形で、口はそれなりに狭く、どうも墓に被せるというイメージには合いません。
多分、給食とか炊き出しだとかで見かける、大きな業務用の中華鍋のようなものではなかったかと想像します。〈注1〉
どうも、あれも「平釜」と言うらしいですしね。

さて、宗像氏貞は宗像鎮氏の侵攻後、防衛力の不足を痛感したのか、居城蔦が嶽城の大改造に着手します。
急峻な山塊の山上を、総延長一キロメートルにも渡って削平。平坦に仕上げた駐屯空間「曲輪《くるわ》」と、それを守る竪堀、堀切群を造成しました。

曲輪の斜面は「切岸」と呼ばれる人工崖にし、その下方には敵の横移動を妨げる「畝状竪堀《うねじょう》」を設置します。

この設備が北部九州の山城の特徴なのですが、宗像氏はこの技術が得意だったのか、「曲輪」にとにかく近づけないように、これでもかと言わんばかりに非常に大量に配置されていました。

しかも、急峻な斜面にまでびっしりとです。

そして頂上には瓦屋根を持つ堅牢な建物、「城山閣」を造営。

結果、後に九州平定を成した豊臣秀吉がその存在を案じて、即時破却を命じたほどの、侵攻困難な城が出来上がってしまいました。

宗像氏貞は、この大改造後の蔦が嶽城を「岳山城」と命名します。

こうして守りを固めた氏貞は前述の遠賀方面、西郷川流域の西郷庄、これも大内氏遺領であった鞍手郡若宮庄などへ、支配域をじわじわと伸ばしていきます。

大友氏から離反した時点で、かなりの覚悟と独立志向があったものと思われ、すっかり戦国大名の風格が現れてきたのでした。

〈注1〉何でそう思ったのかは最後の辺りで書きます。

大友・毛利の講和

永禄四年（一五六一年）八月、大友義鎮はまたもや門司城を攻略すべく一万五千の兵を以てこれを包囲します。

毛利軍は水軍を急行させ、十月まで壮絶な攻防が繰り広げられました。

十月二十六日に大友軍の総攻撃が行われますが、城は落ちず攻略に失敗。撤退中にも損害を受けるなど、手痛い敗北を喫します。

大友義鎮は、その反省のためなのか、永禄五年五月に剃髪、出家してしまい宗麟と号したのでした。

とはいえ、義鎮改め大友宗麟は巻き返しのために山陰の尼子氏と同盟を結び、毛利を挟撃する態勢を整え、その勢いを削ぐことを画策します。

一方、宗像方面に目を向けると、永禄二年以降秋月文種を自害に追い込んだ大友方重臣、戸次《べっき》鑑連《あきつら》が数度に渡り領内に侵攻。許斐山城、白山城、岳山城を脅かします。

この戸次鑑連は、大友宗麟に合わせて出家、剃髪して麟伯軒道雪《りんぱくけんどうせつ》と号しました。

一般的には、立花道雪という名で知られる人物であります。

本人は立花姓を名乗らなかったという資料がありますので、以後この本では戸次道雪で通します。

非常に豪傑の気風高い武将だったらしく、部下の統率力に長けていたとのことで、防御する宗像勢はさぞ苦戦を強いられたものと思われます。

戸次道雪は、前述の門司城攻めへ参加しています。

しかし、負け戦となり豊後へ退きました。


さて、宗像の岳山城の近くには城の造営に合わせて、新しい氏貞の御殿が建てられたのですが、そこには照葉の方と色姫が、未だ癒えることなく静養していました——。


照葉の方は、ようやく喉の傷の化膿は治まったものの、手足は痩せ細りすっかり憔悴していた。

そして、未だ正気に戻らない色姫のことを気に病む余りか、気鬱に陥り、更には瓜二つの様で狂乱を呈しだした。

二人とも、夜な夜な時を限って苦しみ悶えるのである。

丁度、怨霊の六人が山田の屋形で殺害された時刻より、丑三つ時にかけて毎夜高熱を発して殆ど人事不省となる。

母子ともに熱に浮かされた時分には、虚空を掴んで苦しみながら、怨霊の姿がうつつ幻に目の前にちらつくらしく、

「ああ、また来た。また来た。蒼白い顔をして恨めしそうに…………」

「あれあれ、あそこに恐ろしい人が佇んでいる…………」

等、甲走った声は広壮な御殿の中に響き渡り、それに続く絶叫は毎晩激甚なまでに続いたのだった。

だが、夜が明けるとまるで大風が凪いだように二人はがっくりと疲れ果てて、正体もなくだすやすやと眠るばかり。

この有様を、朝晩見たり聞いたりしていた大奥付きの女房達は誰も彼もが震え上がり、気鬱が広がり次々と身体を壊した。

女性ばかりではなく、その頃の典医木藤三官《きどうさんかん》は名医と言われた唐人であったが、百方秘術を尽くしても詮がなく、恐ろしいのが先に立って尻込みを始めた。

しかし厳命により御殿に通う内、ついに怨霊が眼前にちらつきだし、治療を放棄して自身も熱に浮かれ、主と一緒に狂乱しだした。

庭池の鯉を食い殺しているところを取り押さえられ追放になったが、もはや御殿の中の秩序は崩壊し、狂乱の母子の世話をする者達が手薄になった。

ある朝、様子を見に照葉の方の寝床を窺った侍女は、喉の古傷を掻き毟《むし》って息絶えているその姿を発見してその場で失神した。

喉に血塗れの風穴がぱっくりと開き、目は魚のように見開かれ、枯れ木のような手足は強直し拗くれて、尋常の死に様ではなかった。

平釜による調伏を試みた頃から、宗像領内ではまた一段と怨霊の仕業としか思えないような凶事が続いていた。

それどころか、怨霊はあからさまに昼となく夜となく姿を現していた。

孔大寺山の尾根沿いに衣を翻して飛び迷うているのが目撃されたり、あるいは街道の傍らに気が付くと佇立《ちょりつ》していて、目を合わせた者がたちまちの内に悶死したり、まるで納まる気配すらない。

白山城の井戸が鳴動して噴水したり、目を焼きそうなほどの怪光を発する何かが突如空を横切り西北へ飛んでいき、その飛行した跡がさながら虹の如く小半時も碧赤く輝いて見えたり、芦屋の浜では沖合から女の経を読む声が夜な夜な聞こえて騒ぎになったり、高宮山では無人の山頂から神楽の音曲と喧噪が麓に流れ、それを聞いた者が幾人も神隠しになったりした。

母の御霊のせめて安らかなれと日々祈っていた氏貞であったが、このように不吉不祥の事絶えず、自身の安息は一日としてない。

神社には幣帛《へいはく》を捧げ、仏閣には香華を手向け、名ある神仏には祭田を寄進してまで日夜怠らず祈願を凝らしたのだが……しかし、怨霊の祟りは真綿の針でじわじわと自らの喉輪を締め付けているような気がしてならない。

気鬱が心に忍び寄り、胸が塞がったようで元気が出ない。食欲は落ち、病身になったかのように痩せが目立ってきた。

夜も眠れず、寝付いたかと思えば悪夢に襲われ明暗の間を迷う。

噫《ああ》、かくてはならじ、我衰えたりと、大猛心を奮い起こし、馬に跨がり大弓を引く。水行をし、座禅を組んで、どうにか平常心を保つことができた。


――永禄七年（一五六四年）、足利将軍義輝は大命を発し、大友・毛利の両家に対して和睦を勧告しました。

山陰の尼子氏を討つことに専念したい毛利は、せっかく攻略した豊前の松山城を大友に返さなければいけないという不利益な講和条件だったのですが、敢えてこれを受け入れました。尼子・大友による挟撃だけは何としても避けねばならず、後顧の憂いを絶つことを優先したのです。

このため、大友氏の版図はこの頃絶頂期を迎えています。

ですが、肝心の大友宗麟の様子が、何だかおかしなことになってきます。

「宗像記追考」の記述によると、次のような有様です。

「永禄七年の頃より義鎮は高慢になり、心は奢り、作法は乱れ、酒宴に長じ、色欲に耽り、忠臣を遠ざけ、へつらう者を近づけ、ひどい有様である。同八年より狂乱のごとくなられ、ついに天狗に抓まれ、お心芒然として、人間とは言えない様に成り果てられた。よくよく介抱してやっと正気を取り戻されたが、まだ本府へも帰られず、丹生島に居られたが、永禄十二年の春、本府へ帰還され、もとのごとくになられた。このような状態なので、諸城主も謀反を起こす人多く、九州は乱国となった。永禄九・十年、屈強の味方の城主が皆謀反を起こした」〈注1〉

元々女癖が悪く、義理の叔母を側室にしたり、家臣一万田親実《いちまんだちかざね》の妻を無理矢理奪って側室にしたりで、「淫蕩無頼」と言われた宗麟でしたが、この様子ではそれどころではなく相当常軌を逸していたようです。

何となく怨霊に祟られた色姫の様子に似ているような気がするのですが、気のせいでしょうか。

考えてみると、怨霊となった山田の後室や菊姫はそもそも宗像大社の大宮司の家系であり、正統な領主であって、しかも祭祀者の一族です。

その領地は神領とも呼ばれました。であれば、神領を守る一族の霊が外敵を祟って取り殺しても、筋道としては別段不思議ではありません。

陶晴賢と大内義長のツキの落ち方も、思えば異様でした。

永禄二年に襲来した宗像鎮氏は取り殺される間もなく許斐山で討たれていますが、この先延々と宗像領に仇をなした侵略者達の屍が、不可解にも積み重なっていくことになります。

〈注1〉ウェブサイト「占部家系傳」より引用（URLは巻末参照）

大乱

侵略者と言えば、大友勢の中で常に宗像領を脅かしていたのは立花山城城主、立花鑑載でした。

宗像側の許斐山城《このみやま》はアンチ立花山城の性格が強く、両者は対峙しており、立花勢は度々大友方の先鋒として宗像領内に攻め込んできていたのです。

ですが、何を思ったのかこの立花鑑載は永禄八年（一五六五年）突如、大友宗麟に対して謀反を起こします。

「宗像記追考」の記事が正しければ、宗麟が正気ではない時期ですから、ひょっとしてこの政治空白をうまく狙ったのかもしれません。ですが、頼みの綱の毛利は大友と講和中であり、後詰めがなく如何にも無謀です。

謀反の目的と、どんな目算があったのかは、そもそもよく分かりません。

立花氏は元々大内氏に仕えており、そのこともあって前城主であり鑑載の養父であった立花鑑光は、宗麟によって毛利への内通を疑われて誅殺されていました。

この恨みからということも考えられますが、それにしても何とも衝動的で不可解なものでした。

大友方武将吉弘鑑理《よしひろあきまさ》が鎮圧に現れ、攻め立てられて鑑載は呆気なく降伏します。

内通を疑ったくらいで簡単に処刑をしてしまうほど短気な大友宗麟なのですから、さぞや残酷な処分が下されるものと思えるのですが、驚いたことに立花鑑載は罪を許され、立花山城城主に戻ってしまいます。

……この判断にも首を傾げざるを得ないので、宗麟はやっぱりこの頃ヘンだったのかもしれません。

そして、後の永禄十一年（一五六五年）鑑載は毛利氏に通じて、再び大友へ謀叛を起こします。

そら見たことかという感じですが、詳細は後ほどとして、立花鑑載は自刃し、立花氏は滅亡してしまいます。

さて、毛利元就は一旦講和していた尼子氏をまたまた裏切って、これを攻め続けていましたが、ついに永禄九年（一五六六年）十一月、月山富田城に籠もる尼子義久を降伏に追い込み、戦国大名尼子氏を事実上の滅亡に追い込みました。

このため、再び九州へ目を向けます。

「また、あの毛利殿の見事な裏切りが大友へ炸裂するのではないか」と、情勢に敏感な九州の国人達は色めき立ちます。大友・毛利の講和は破綻近し、と。

この講和中、毛利勢は身動きが取れない為、宗像氏貞を始めとする諸将は大友方に服従する状態にまた陥っていたのでした。

ところで、大友方重臣に、高橋鑑種《たかはしあきたね》という武将がいました。

弘治三年、秋月文種が古処山城に拠って大友に反旗を翻したときに、これを掃討した功績により大友宗麟から筑前御笠郡を与えられ、太宰府の宝満山に城を築き、ここを本城とし、四王寺山中腹の岩屋城を支城としていました。

大友宗麟が女癖が悪いことは前に書きましたが、家臣の妻を無理矢理奪って側室にした一件の、その家臣である一万田親実の兄がこの高橋鑑種なのでした。

一万田親実本人は、罪をでっち上げられて処刑されています。

それでも、ずっと主家の宗麟に忠義を尽くしてきていたのですが、多分少しも宗麟の行いが直っていなかったのでしょう。

愛想を尽かしたのか、堂々と毛利と結んで合戦の準備を始めました。もはや、独立戦争の気構えです。

また、その高橋鑑種によって討たれた秋月文種の遺児、秋月種実《たねざね》は永禄二年には帰国して旧臣を招集しました。やがて蜂起し、古処山城を占拠していた大友軍を追い払って、秋月領の回復にほぼ成功している状態でした。

両者は恩讐《おんしゅう》を越えて対大友のために同盟。種実の弟達のうち三男・種冬は高橋鑑種の養子として豊前国小倉城に入り、四男・種信は長野氏を継いで豊前馬ヶ岳城主となり、種実の次男・

元種は香春岳城主となり、それぞれ決戦に備えました。

筑紫惟門、広門の父子も、毛利の援助を得て旧領に復帰します。

こうなってくると宗像、麻生、城井《きい》、長野、千寿、後藤寺らの諸将も一斉に大友からの離反へと動きます。

……ここに至るまで手を拱いて放置している大友宗麟の戦略眼というのは、一体どうなんだろうと思いますが、やっぱり何ともおかしな印象を受けます。

そして、情勢は沸点を迎えます。

永禄十年（一五六七年）六月、高橋鑑種は周辺の国人、寺社勢力をも糾合し挙兵。大友の勢力に対して公然と挑戦を開始します。

これを聞いた大友宗麟は、なかなかそれを信じようとはしなかったと言われます。これでピンと来ないのですからかなりの重症ですが、さすがにやがて怒りの火が付きました。

戸次道雪を始め臼杵鑑速《うすきあきすみ》、吉弘鑑理、斎藤鎮実《さいとうしげざね》らの諸将にこれらの討伐を命じます。

七月、二万の大友軍は太宰府周辺に集結。高橋鑑種は果敢に戦いますが、その大軍にじわじわと押し込まれます。

やがて、宝満山の城での籠城戦へ移行。支城の岩屋城は落ちてしまうのですが、本城は頑強に抵抗し大友軍は手こずります。

斎藤鎮実は筑紫広門の守る五ヶ山の城を攻めていましたが、どちらの城も山岳の地形を利用した要害で攻める度に損害を出し、やがて持久戦の様相を呈してきました。

七月頃、筑紫惟門が不慮の死を遂げたらしく筑紫氏は単独講和をするのですが、秋月氏が勢いを増したため、宝満山の高橋鑑種は後回しにされ、道雪は包囲の一万余を残し、増援された戦力二万を率いて転進します。

多分、情報戦も行われていたのでしょう。この頃から、宝満山や秋月の救援のため、毛利の大軍が押し寄せてくるという噂が流れます。

そのため、ついに毛利元就の進発と見た前述の宗像、麻生、城井、長野、千寿、後藤寺その他の諸氏は、宗麟の命で厭々討伐戦に赴いていたのですが、勝手に戦列を離れ、さっさと帰国してしまいました。

九月に入り、大友軍は毛利軍の襲来に備えて筑後川周辺まで後退し始めました。

戸次道雪は今の久留米市の辺り休松《やすみまつ》に陣を張りましたが、九月三日、これを秋月種実が一万二千を率いて急襲。

しかし、老獪《ろうかい》な戸次道雪はこれを迎え撃ち、混戦にはなりましたが持ち堪え撃退します。兵力の損耗率は秋月方がやや多く、撤退には成功したものの敗戦の様相でした。

ところが、秋月種実はその日の夜、折しもの風雨を突いて疲労困憊《こんぱい》のはずの兵を動かし、大友方の吉弘鑑理と臼杵鑑速の陣を急襲します。

あまりにも「まさか」のタイミングだったためか、大友方は大混乱に陥ります。潰走して戸次道雪の陣になだれ込んだ一団は、敵と誤認されて道雪軍と同士討ちを始める始末です。

さすがの戸次道雪も、混乱の収拾と撤退の指揮をするのが精一杯で、秋月方は大戦果を上げました。

これを知った宗像氏貞は、長年苦汁を嘗めさせられてきた立花山城を反大友方有利のこの機に攻めることを決断します。

そもそも立花山城は、商港博多を見下ろす位置にあり、博多支配のためには欠かせない戦略重要地でした。ここを手に入れておければ、来るべき毛利の新体制になっても、自動的に重鎮になれるのではないかという計算が働いたのかもしれません。

ですから、そんなところに前述の立花鑑載を置いておくというのは、いろいろ危ういわけで、返す返すも大友宗麟の気持ちはさっぱり分かりません。

九月十日、氏貞は一族の許斐氏備《うじまさ》とともに出兵。しかし、迎え撃たれて城将奴留湯融泉に麓の和白で破れます。奴留湯融泉は撤退する氏貞を追って、件の元謀反人城主立花鑑載とともに宗像領に侵入してきました。

このときは、どうにか飯盛山城で迎撃でき、立花勢を退けました。

しかし、その後も侵略は続いたようで、鎮国寺や興聖寺を焼き討ちされています。

翌永禄十一年（一五六八年）、高橋鑑種は未だ宝満山に立て籠もり、大友軍はそれを包囲していました。

四月に入り、蛇の生殺しは人を噛むとも言いますが、問題児立花鑑載がまたもや謀反を起こします。立花山城の西城を守る奴留湯融泉を城から追い落とし、意に染まぬ大友方の忠臣を次々と謀殺。

奴留湯融泉は唖然としながらも筑後へ走り、戸次道雪、吉弘鑑理、臼杵鑑速へ事の次第を報告しました。

これを知った大友宗麟はさすがに超激怒。前述の三将に立花鑑載の討伐を命じます。

四月六日、立花鑑載と連携していた毛利の援軍が、恐らく予定通りに立花山城に到着します。その他の反大友勢力も加わって、一万余が城の東西に布陣しました。

大友方の軍勢三万が、ひしひしとこれに迫ります。

こうして、筑前立花山城に風雲が急を告げます。

……祟りは戦乱の陰に隠れてしまったように見えるのですが、しかし、まるで盤上に布石を打つように尚も何かが蠢《うごめ》いているのでした。

策略

立花山城を包囲した大友軍は、これを間断なく攻撃。激しい攻防は三カ月に渡りました。優柔不断そうな立花鑑載ですが、意外にも籠城戦が得意だったのか、前回の失敗から学んだのか、なかなかの采配を振るったらしく、大友方は攻めあぐねていました。が、類を以て集まるの例え通り、鑑載の重臣野田右衛門が裏切り、戸次道雪の軍を城内へ引き入れてしまいます。そのため、内側から切り崩された立花山城は、間もなく呆気なく落城。

鑑載は逃亡しますが、追っ手に発見され、追い詰められて自刃して果てます。一番苦痛が激しい死に方の、十字腹を斬ったとも伝えられています。その首は宗麟へ送られました。

反大友軍は各々撤退しますが、このときの反大友勢力は再起して、大友方の手に落ちた立花山城を奪還しようと、八月に入り城攻めを仕掛けます。大友方三将が迎え撃ち、この奪還戦は失敗。来援していた毛利方武将清水将監も命からがら舟で落ち延びました。

大友軍は立花山城が落ち着くと、返す刀で宝満山の高橋鑑種を支援する国人を掃討。孤立化させて、再び秋月攻めの体制に入ります。

しかし、立花山城の一件の報を知った秋月種実は戦意喪失していました。どうも、結局の所、毛利はおざなりの援軍しか出さないんじゃないかという疑念が湧いたのではないかと思われます。

このため、和議を申し出で、宗麟に降伏しました。

この和議の条件が、非常に寛大だったためか、他の国人領主も次々と降伏の意を示します。

宗像氏貞も、この列に加わっていました。

こうして、大友の全戦力が宝満山を重包囲し、高橋鑑種の命運も風前の灯火となります。

これで、大友氏への続けざまの叛乱も完全鎮圧かと思われました。

一方、肥前の竜造寺氏はこの間、大友方の戦力の空白を突いて勢力を拡大していました。

竜造寺氏も毛利の後ろ盾を頼みにしていたのですが、一向に援軍はやって来ませんでした。

永禄十二年（一五六九年）正月、「宗像記追考」によると正気に戻った大友宗麟は、自ら竜造寺氏討伐へと向かいます。

この際、自分に刃向かう輩は全部懲らしめておくほうがいいと思ったのかもしれません。

このとき動員された軍勢はおよそ五万と言われ、とても戦力比では勝てるわけがない状況下、佐賀城の龍造寺隆信はよく守り、何とか持ち堪えていました。

すると三月初め、大友方から和議の申し出。

狐に抓まれた気分でいると、何と毛利軍四万が既に北九州へ上陸。門司城を攻略し、一路立花山城へ向かっているとのこと。

ニヤニヤしながら和議を結んだ龍造寺隆信を残して、大友軍は転進。重要拠点、筑前立花山城へ急行します。

門司から立花山城への通り道に宗像領はありますから、またまた毛利方に復した宗像氏貞は後詰めとして、この戦いに参加します。

翻弄され過ぎの感がありますが、そうせざるを得ない苦しい立場だったわけです。

大友方としては、立花山城を奪われ、影響下にある博多の財源を失うことはどうしても受け入れられません。断固とした決意で、正に総力戦の構えでした。

要害立花山城の城兵は重包囲の中、地の利を生かして奮戦しましたが、毛利軍によって坑道を掘られ、水脈を絶たれてやむなく開城します。

そして、到着した大友軍との睨み合いが始まりました。

多々良川を挟んで布陣した両軍は双方およそ三万とも四万とも言われますが、五月十三日より毛利軍の一部が仕掛け、博多の町を焼きながら合戦します。しかし、押し戻されて勝敗付かず、五月十八日、立花山城奪還を目指す大友軍と、多々良浜で今度は大規模に衝突します。

このときは戸次道雪の判断が冴え渡り、押され気味なのを盛り返して毛利方不利に持ち込みました。

毛利軍は立花山城を守りながら、焦らず態勢を立て直します。

その後、両軍は十月までの半年間に渡って、大小十八回余りの衝突を繰り返しています。

しかし、決定打が出ず双方疲弊したまま睨み合いが続いていました。

その頃、豊後へ戻っていた大友宗麟は、すっかり勝負勘を取り戻していました。

水軍に命じて、毛利軍の輸送船を片っ端から襲撃させ、補給路を断つ一方、足利将軍家から預かっていた大内家相続の認可状を、家督争いに破れ、大友に身を寄せていた大内輝弘《てるひろ》に与えます。

この人は、あの陶晴賢に討たれた大内義隆の従兄弟に当たります。

毛利は今出払っていていないから、その隙に旧領を取り戻せということです。

感激した大内輝弘は、すぐさま援兵六百とともに大内家再興のために海路周防国へ入りました。上陸後、それを知った大内氏の旧臣が合流。とても無視できないほどの勢力に、たちまち膨れあがります。

また、出雲では尼子勝久が尼子氏再興の軍を興しており、これも大友との連携でした。

完全に虚を突かれた毛利軍は浮き足立ちます。

やがて、大内輝弘が高嶺城を襲撃したとの報が入り、事態は一刻を争う様相になってきました。

このままでは、留守にしている根拠地全体が蹂躙《じゅうりん》されてしまいます。

毛利元就は苦渋の決断をし、全軍に九州からの退陣を命じます。

永禄十二年十月初旬のことでした。

大内輝弘の叛乱はすぐさま鎮圧され、尼子勝久の策謀も失敗に終わるのですが、しかし、これ以後、毛利は九州への干渉を行わなくなりました。

あの第六天魔王が、反対側で大暴れを始めたので、もはや振り返る余裕がなくなってしまったからでした。

色姫

ここに、毛利元就の凄絶な「逆総裏切り」が炸裂し、反大友方の諸将は途方に暮れました。

宝満山の高橋鑑種も途方に暮れ、精も根も尽き果てたのか、二年数カ月ぶりに開城して、大友に降ります。

しかし、一万田氏の執り成しがあり、昔の一件のやましさもあったのか、宗麟はこれを助命し豊前小倉へ移しました。

宗像氏貞ですが、毛利軍が去った後、本拠地岳山城に失意の内に帰参していました。十月十六日、大友軍が現れますが、攻めようもないくらい鉄壁でヤマアラシのような岳山城は、これを全く寄せ付けません。

攻めあぐねた大友の三将から使いがあり、氏貞も応じて和議を申し入れましたが、次の三条件を提示されました。

・宗像の神領、その半分を大友家に割譲すること
・毛利家を去って、大友家の幕下に入ること（毛利に預けている人質は見捨てること）
・岳山城を明け渡すこと

どれも受け入れ難く、氏貞は断りました。しかし、交渉の末、若宮と西郷の知行地を引き渡すことで和議が成立しました。

そして、お決まりの人質要求。氏貞は、妹の色姫を人質として差し出します。

……錯乱しているのに大丈夫なのか？　と、思われたでしょうが、この頃色姫は正気を取り戻していました。

大友宗麟のそれと正気になる時期がシンクロしているようで不可解至極ですが、宗麟があれだけ勝負勘を取り戻していたのですから、色姫もこのシンクロ説に基づくならば、吃驚するぐらい普通になっていたものと思われます。

そして、氏貞は政略結婚も受け入れ、宗麟の養女となっていた臼杵鑑速の娘を室とします。

元亀二年（一五七一年）、謀反の連鎖を猛省した大友宗麟は、忠臣中の忠臣、戸次道雪に立花山城を預けます。

筑前国守護代となり、立花家の名跡を継いだわけで、「立花道雪」の名はここから来ています。

同年、立花山城で人質として処遇されていた色姫を道雪が気に入り、妻にします。

道雪五十八歳、色姫二十五歳のときでした。

側室ではありましたが、長年怨霊に祟られて正気を逸していた妹の晴れの日のために、宗像氏貞は、婚約時に一旦道雪から返されていた西郷庄三百町を、化粧料として再び道雪に贈りました。

色姫は立花山城松尾の丸に居館を与えられ、「松尾殿」と呼ばれて手厚く待遇されました。また、平時には立花山の麓、青柳村石瓦の屋形で暮らしたと言われています。

ところで西郷庄の西郷党ですが、この場所に大内時代からの抵抗勢力が居住しているのはまずいと大友方に判断されたのか、何と鞍手郡若宮郷への全員の強制移住が行われました。恐らく、田畑も整備されていないところへの放逐であり、移住後は開拓民並みの労苦を強いられたものと思われます。

永禄十二年の和睦の際、十一月に入ってから大友方より西郷党頭領河津隆家の殺害を氏貞は命じられています。

翌年正月、氏貞は河津隆家を待ち伏せさせ、岳山城の麓、妙湛禅寺でこれを討たせました。和睦の前に大友方と内通していたからというのが理由でしたが、あからさまな濡れ衣だと思われます。

氏貞は、河津隆家の子供達は保護し、その後も行く末を長く配慮します。

西郷党は立花山城からの侵攻から宗像を守り抜いた恩人達であり、氏貞としても彼らに理不尽な苦難を負わせるのは苦渋の決断でした。

……十年後のことになります。

天正九年（一五八一年）、秋月、原田、筑紫等の諸氏は島津に大敗した大友家の衰退を見て、筑前で蜂起していました。ですが、宗像氏貞は道雪との和議を守って、このときは動きませんでした。

十一月に大友方の鞍手郡鷹取城城主、森鎮実《もりしげざね》から道雪へ食料援助の申し出があり、飢餓に瀕する味方の窮状を救うために、六百人の将兵を付けてこれを輸送することになりました。

無事輸送は果たしたのですが、帰路鞍手郡若宮・吉川庄を通る際、強制移住させられていた元西郷党の郷士達がこれを襲撃します。

これを見た笠木城の秋月勢が加勢に加わり、立花の援軍も来て、意外な大戦になりました。

更にこれに西郷党に同情的な宗像家の一部家臣が加わっていたこともあり、戸次道雪は宗像氏貞に対して疑いの眼差しを向けます。立花勢に出た死傷者の数は甚大で、これがどうしても許せません。

そもそも、事前に領内通行の通告を氏貞には出していたのでした。

氏貞は、一部の暴走であり警戒はしていたとして謝罪しますが、老齢になって頑固さが出てきたのでしょうか、戸次道雪の怒りは収まらず、小野和泉、由布惟信ら武将に宗像領への出陣を命じました。

しかし、彼らでさえ事件の成り行きには同情的だったためか、支城の宮地岳城は攻められましたが、宗像領奥深くへの侵攻はありませんでした。

この「小金原の戦い」と呼ばれる事件では、秋月勢以外では、全く誰も得をしていません。

郷士達の得たものは死体だけであり、宗像家の死んだ家臣達に至っては全くの犬死にです。

しかも、戦いに参加した者は、ほぼ全滅という惨状でした。

彼らの中には山田事件以来の因縁がある者もいたようで、この不可解な鬱憤晴らしはこれも祟りなのではないかと噂されました。


天正十二年（一五八四年）、道雪と氏貞の敵対関係は解消されないまま時は過ぎて、この年の始めから風邪を引いていた色姫は体調を崩します。

そして石瓦の屋形で、三月二十四日にひっそりとこの世を去ります。〈注1〉

三十九歳でした。子はありません。

法名は「竹龍院妙渭大姉《ちくりゅういんみょうたんだいし》」。

墓は、石瓦の屋形跡、同地の清水家の邸内に現在も守られています。

〈注1〉三月二十四日と墓碑の銘にある。

「九州一の怪談」では、山田事件と同じ三月二十三日としている。

……もっとも、辨の前と千代松丸が殺されたのが三月二十四日なので、どちらにしろ因縁は感じざるを得ない。

露姫

永禄十二年の和睦の際、氏貞は宗麟の養女を妻としましたが、実はこれは二度目の婚姻であり、これより前に、筑紫広門《ひろかど》の娘「露姫」と契りを結んでいました。〈注1〉
二人の間には最初の子供ができましたが、これは女の子でした。
夫婦仲は良かったようですが、ここにも得体の知れない暗い影が差してきます――。

氏貞の小姓に、吉田彦太郎という宗像一の美少年がいた。

月の眉、花の顔《かんばせ》、青糸《せいし》の髪、紅玉の膚《はだえ》。大奥付きの女中どもの恋草の種だったが、不義は御家の堅い禁制であり、これまで艶めかしい風説は起こらなかった。

だが、この吉田彦太郎と露姫を結びつけた噂が、ヒソヒソと何処からか囁かれ始めた。

氏貞は、ある夜書斎に籠もって書見に耽っていたが、さっと風を切るような音が次の間から聞こえた。

辺りを見回すと、何者とも知れぬ煙のごときものが、さわさわと衣擦れの音を立てながら短檠《たんけい》の元に蹲《うずくま》っている。手元の灯火も差し向けたが、形が朦朧としていて計り難い。

しかし、その大雑把に人の形をしたものは、何事かを囁く如く、手真似口真似をしてしきりに差し招く。

氏貞は立ち上がったそれの後を我知らず追いかけたが、大奥の奥庭の辺りで月明かりに溶けるように消えてしまい見失った。

……が、泉水に掛け渡す橋の上に佇む人影がある。

伊達小袖を着飾り、紫の絹の覆面。顔を隠してはいるが、それが吉田彦太郎ということはすぐに分かった。

色袖から伽羅《きゃら》の香りを燻らし、視線の先は屋形の中に露姫のいる辺りであった。

「……ちらと噂には聞き及んだが、さては」

氏貞は思わず怒りを発し、一息に駆け寄ると腰の刀に手を掛け肩先から一気に切り下げた。

返す刀で二の太刀を浴びせ、吉田彦太郎は血煙を上げて倒れた……と、思いきや、そこには何もおらず、自身一人で白刃を引っさげて、まるで狂乱の態で橋の上にいるばかり。

呆然としていると、橋の真下辺りから女達のゲラゲラと笑う嬌声が響いた。

「……怨霊に弄ばれたか」

氏貞は唇を噛みしめ、踵を返した。


氏貞は、この夜から体調がすぐれなくなった。気を抜くと高熱を発するようで、典医良梅軒に薬を処方させたが、大した効果はなかった。

露姫は日夜氏貞の傍に侍り介抱をしたが、不可解にも氏貞は露姫の顔を見ると熱が上がるのだった。

そのせいもあり、傍から遠ざけざるを得なかったが、それにつれて冷ややかな空気がいつしか漂いだした。

これに呼応するかのように、露姫と吉田彦太郎の恋の噂は今や大奥ばかりか、城内の雑役、御厩衆の口の端にまで上り始めた。

氏貞は気鬱し、事実が例えなかろうとも、一度《ひとたび》面白からぬ醜聞が外に漏れたる女性を我の大奥として再び相まみえんことは、宗像家の汚点となるとして、母子もろとも筑紫広門の家許《いえもと》へ帰してしまった。〈注2〉

露姫は、濡れ衣を干す縁《よすが》もないまま泣き暮らしたという。

氏貞は露姫と離縁して後、薄紙を剥ぐように日に日に回復し、やがて病気は全快した。しかし、不快の念は悶々として消えやらず、その後吉田彦太郎は氏貞の命により暗殺されてしまった。


この吉田彦太郎は、あの天文二十一年三月二十三日、山田の屋形で菊姫主従が惨殺された際、主家の遭難をよそに異変を察して大島へ遁走した吉田飛騨守尚時の一門同族であり、怨霊の蜘蛛手十文字の罠は、この少年の将来をさえ食らい尽くし栄達を許さなかったのである。〈注3〉

〈注1〉「宗像記」では筑紫広門の娘、「宗像記追考」では、筑紫惟門の娘で広門の妹となっている。「露姫」の名は資料に見当たらず、竹林庵主人氏が便宜的に付けたのかもしれない。

〈注2〉「宗像記」では姦通の噂でこのように家許に帰されたとしている。「宗像記追考」でも「不慮の虚名」のため同様としている。二人の間に生まれた女子は、後に麻生家氏の妻になったともある。

合理的に考えるならば、永禄十二年の和睦の際、氏貞は宗麟の養女を妻としたが、この際に「露姫」を離縁したというのが、一番しっくりはくる。

和睦条件にあった、「毛利に預けている人質は見捨てること」の人質というのは、二人の間に生まれた女子ではなかったかという説もある。(「戦国時代の築前国宗像氏」)

〈注3〉吉田飛騨守尚時は「宗像軍記」では、山田事件の主犯格である。

土橋氏康

彦山で宗像氏続卿を討った、甥の土橋越前守氏康ですが、その後は氏貞によく仕えていたようです。

大友勢が襲来した際には逸速《いちはや》く駆けつけて、これを防いで活躍しました。武将らしく、栄華を夢見て戦場を駆け巡っていたのですが、ある日乱戦の最中ふっつりと行方不明になりました。あの陶重臣寺内治部丞も、対大友戦の初期には手勢とともに駆け参じていたのですが、こちらもその後どうなったのかがさっぱり分かりません。氏康と同様、行方不明になったのではないかと思われます。

ですが、土橋氏康のほうは、何年も経ってから不意に宗像領へ単身で帰ってきました。

……確かに土橋氏康なのだが、目つきは刺々しく変わってしまっていて顔貌は鬼のようであった。

頬は痩け、両手の指は節くれて屈曲し、しかし不思議に槍や薙刀は自由に打ち振るい、その早業は人々を驚かした。

それればかりか蛇の如くチョロチョロと壁を伝って小走りし、天狗のように家の棟を易々と飛び越えるのだった。

輿に乗ると、まるでその場にいて見聞してきたかのように、滔々《とうとう》と過去を話し、未来を談ずる。

また、「宗像家を倒すも興すも我が心一つ、今に見よ今に見よ、氏貞卿を取り殺してくれる！」等、大言壮語して謀反心を憚らない。

そして、何処でどう暮らしていたのか等、行方不明の間のことは決して話そうとしないのだった。

さては、これもまた怨霊に魅入られたのであろうと、人々は恐れをなして誰一人として寄りつかなくなった。

宗像氏貞はこれを聞き、我が家系に仇をなす悪魔の使いだとして、幕下の勇士に厳命をなし、草坂口という場所で左右から大挙襲って、人知れぬよう暗殺せしめた。


土橋氏康が侵入した彦山ですが、宗像氏と同じような経緯で大友方に付いたり反大友になったりしています。

秋月種実が休松で夜戦を仕掛け、大友軍を大混乱させた時点では、大友不利と見て彦山座主は宗麟の参陣要求を拒否しています。

その後、前のほうにあった通り、勢力を盛り返してきた大友軍の攻撃を受けます。方々焼き討ちをされ、大友の兵はそのまま彦山中宮に城郭を築いて山を占拠してしまいます。

彦山座主は、被害の拡大を恐れて大友と和睦します。

宗麟はその条件として、弟の三位松を彦山座主に据えることを要求していますが、これは拒否されました。しかし、彦山の武装勢力は大友勢の一部に組み込まれます。

天正六年（一五七八年）大友軍が日向の耳川の合戦で島津に敗れると、秋月氏は豊前に進出。秋月種実は、大友方であった彦山を攻撃します。

翌年、彦山座主舜有《しゅんゆう》は秋月と和睦。元々反大友でしたから、急速に秋月と親密になり、舜有の娘が秋月氏に嫁ぎます。

これを知った宗麟は、またもや激怒します。準備を行い天正九年に、五千の兵で攻撃を仕掛けます。

この頃、宗麟はキリスト教を信仰していましたから、寺社勢力相手でも、全く遠慮会釈がありません。

彦山側は衆徒三千で対抗。上仏来山《かんぷくさん》に立て籠もりますが、焼き討ちの火の手は上宮、行者堂など全ての堂閣を燃やしてしまいます。

この後六年余り頑強な抵抗を彦山側は続けますが、山は荒れ果て、現在にまで続く長い衰退への道へと入ります。

宗像氏続卿を見殺しにしたというわけではなかったのでしょうが、守り切れなかったので、何らかの法則が発動したのかもしれません。

彦山に、土橋氏康や宗像氏続に関する資料があるかどうかは不明です。事件があったといわれる時期からの、彦山と宗像氏の交流を窺わせる資料がもし存在するのならば、実に興味のあるところです。

焼き討ちと言えば、平釜使いの目祐のいたと言われる比叡山が、あの第六天魔王によって実に凄絶に破壊されています。

元亀二年（一五七一年）九月十二日、歴史の経緯は省きますが、織田信長は古くより山岳信仰が興り尊崇され、この頃では天台宗の本山寺院、延暦寺の栄える比叡山に包囲攻撃を行います。

「信長公記」に、

九月十二日、叡山を取り詰め、根本中堂、三王廿一杜を初め奉り、霊仏・霊杜・僧坊・経巻一宇も残さず、一時に雲霞の如く焼き払ひ、灰嬬の地となすこそ哀れたれ。山下の男女老若、右往左往に癈忘致し、取る物も取り敢へず、悉く、かちはだしにて、八王寺山へ逃げ上り、杜内へ逃げ籠る。諸卒四方より鬨音を上げて攻め上る。僧俗・児童・智者・上人、一々に頸をきり、信長の御目に懸くる。是れは山頭に於いて、其の隠れなき高僧・貴僧・有智の僧と申し、其の外、美女・小童、其の員をも知らず召し捕へ召し列らぬる。御前へ参り、悪僧の儀は是非に及ぱず、是れは御扶けなされ候へと、声々に申し上げ候と雖も、中々御許容なく、一々に頸を打ち落され、目も当てられぬ有様なり。数千の屍算を乱し、哀れなる仕合せなり。年来の御胸臆を散ぜられ訖んぬ。さて、志賀郡、明智十兵衛に下され、坂本に在地侯ひしなり。

……とある記録が有名で、男女別なく数千人が皆殺しにされたとされています。

最近の調査では、火災跡が意外と少なく、そこまで大規模かつ残虐な攻撃ではなかったのではないかとは言われていますが、まあ、しかし、延暦寺の根拠地機能が壊滅してしまったというのは、間違いのないところでしょう。

このとき、もし目祐が在山していたとしたら、何の因果か……と思ったやもしれません。

宗像氏貞

氏貞は、道雪との関係の良かった時期に、弘治三年に焼失していた宗像大社の辺津宮本殿の再建を行います。

天正四年（一五七六年）に造営開始。天正六年に、遷座式が執り行われました。

大事業を終えてほっとしている間もなく、力を蓄えていた薩摩の島津氏が北上を開始。大友軍と方々でぶつかり始めます。

天正六年（一五七八年）十一月、大友軍は「耳川の戦い」で島津軍に敗れます。四万三千余の将兵を投入し、二万余りを失うという大惨敗でした。

さすがの宗麟も気力が萎えたようで、織田信長に島津との和睦を調停してもらうよう働きかけます。

ところが、天正十年（一五八二年）六月二日、あの「本能寺の変」で、肝心の織田信長が明智軍に討たれてしまいました。そのため、期待していた和睦はお流れになってしまいます。

天正十二年、大友氏に代わり勢力を伸ばしていた肥前の龍造寺氏が「沖田畷の戦い」で破れ当主の龍造寺《りゅうぞうじ》隆信《たかのぶ》が死んでしまうと、もはや島津氏に対抗できる勢力は九州に存在しなくなってしまいました。

宗麟は筑前立花山城の戸次道雪に、龍造寺氏に取り込まれていた筑後の領国の奪還を命じます。

三万余の抵抗勢力に対し、一万に満たない道雪軍は奮戦。逆に殆どの戦いを勝利するのですが、柳川城を攻めている最中に戸次道雪は病気になり、天正十三年の九月十一日に死んでしまいます。享年七十三歳でした。

異方《ことかた》に　心引くなよ豊国《とよくに》の　鉄《かね》の弓末《ゆずえ》に　世はなりぬとも

……というのが戸次道雪の辞世の句なのですが、前に出てきた武将達と違って武人の鑑みたいな実に勇壮な句です。

さて、宗像氏貞ですが、道雪が死んだ翌年の天正十四年（一五八六年）初春、ふと風邪を引いたかと思った後……急に力が萎えてどっと床に打ち臥します——。

これまで幾度となく熱病に罹ったが、今回は大熱はなくて気は確かだった。しかし、自分でも日々身体が衰弱して力が奪われるのが分かった。

領内の宮方、寺方では昼夜を分かたず勤行祈祷する。だが、その効果はなく御台所は深くお嘆きになった。

また、家の重臣らの心痛も一方ではない。だが、何故か寝所には一切の出入りを禁じられていた。

朝夕、枕元に近くに仕えることができるのは、侍臣晴気次郎《はるけじろう》と典医良梅軒の二人だけである。

氏貞は、今回は全快覚束なしと悟ったのか、自筆の花押を料紙数百枚に認め置くと、晴気次郎を密使にして、その遺命を重臣の内でも数人のみに伝えた。

「今、我が身罷《みまか》りしことを世に一度《ひとたび》知れ渡りなば、それこそ怨霊に取り殺されたと九州を通じて歌われんこと、なかなかに口惜しい。且つは、家に世継ぎなくて仇の四境を覗《うかが》う者漸く多からん。されば、我の病死せしこと向こう三年間は秘密に封じ、隣国との往来状は我が自筆の書名花押に従前通り筆者石橋源内兵衛を以て応答せしめよ。また我が死骸は、夜陰人知れぬよう家の菩提所に葬送すべし。公に仏事供養等は努々《ゆめゆめ》執行すること相成らぬ。もしこの遺言に悖ることあれば社領の破滅、我が家の没落は掌を翻すよりも速やかである」

氏貞は、気息奄々《きそくえんえん》、呼吸をするのも衰えたが、次の四言四句の遺偈《ゆいげ》と辞世の和歌一首を残し、ついに力尽きた。

天正十四年三月四日。四十二歳であった。

明明闇闇　四十二年
即今退矣　築着梵天

人として名をかるばかり四十二年　消えてぞ帰るもとのごとくに

宗像氏貞は、謀略によってその座に就かされたとはいえ、よく家を守り、苦難と苦渋に耐え、神領にその身を捧げた生涯を送りました。

致命的な負け戦もなく、領民と家臣団を維持していることから、この時代ではかなりの名君と言ってもいいのではないかと思います。

宗像大社も、儀式を含めて引き継がれています。

また怨霊に悩まされたこともあり、自身大宮司でありながら、宗派を問わず寺社を篤く保護しました。

怨霊にちなんだ事蹟は以下の通り。（「山田騒動の真犯人」より）

・田島山村に氏八幡宮を建立
・平釜を鋳て大供養を成す
・仏供田五反歩寄進　天正十四年十月
・領内五十六の寺の復興及び寺領を寄付す

・鞍手の円通院建立
　供田　三反歩寄進　天正十六年十月
・山田増福院建立
　六体の地蔵を安置す　永禄二年（一五五九）　氏貞没後である

滅亡

宗像氏貞の死は遺言によって秘匿され、亡骸は指示通りに夜半に運び出し湯川山西麓、上八《じょうごう》の承福寺《じょうふくじ》に納められました。

老松の下に埋納されたとも言われています。

埋葬地は現在、古墓が散在する小丘になっていますが、周辺は「御塔《おとう》」と呼ばれ、何かの夢の跡のような不思議な雰囲気の漂う場所です。

氏貞の墓碑は、保護するための覆い屋で守られているものの、銘も読めないくらい異常に風化が激しい状態となっています。何というのか……ボロボロなのです。

墓碑が建てられた時期は不明ですが、石材に何か問題があったのではないかと思われます。

これは、「九州一の怪談」の記述では「青石」となっています。だとすると緑泥石片岩なのかと思いますが、石材の風化には詳しくないのでこれが自然の変化なのかは不明です。

位牌は承福寺にあり、法号は「即心院殿一以鼎恕大居士《そくしんいんでんいちいていじょだいこじ》」です。

氏貞が死に臨んで傍に置き信頼していた侍臣晴気次郎というのは、自らが殺害させた西郷党頭領河津隆家の子供です。

情を感じさせ、恐らく我が子のようにも思っていた様子さえあるのですが、しかし氏貞には世継ぎがいませんでした。

塩寿丸という嫡子がいましたが早世したとされており、後室との間に生まれた他の三人の子は全て女子でした。

このため、島津氏北上の危機に当たり、家中混乱に乗じた攻撃目標にされないよう秘匿したと思われる自らの死でしたが、後継問題を二の次にしたため、その後の対応が遅れることになります。


氏貞の死の翌年、天正十四年（一五八六年）四月六日、大友宗麟は普請中の大阪城で羽柴秀吉と対面、対島津への救援を願い出ました。

家督は既に息子の義統《よしむね》に譲っていたのですが、これは事実上幕下に入るという申し出でもあります。

秀吉は前年十月に既に停戦勧告を出していたのですが、島津はこれを無視していました。それもあって、島津攻めを考えていた秀吉はこれを了承。

宗麟は黄金の茶室で千利休にお茶を点ててもらい、いろいろ厚遇されて満足して帰国しました。

六月、島津軍は東西二手に分かれて侵攻を開始します。諸城を叩き潰しながら進軍し、十二月には豊後国の「戸次川の戦い」で長宗我部元親・信親父子、仙石秀久らが率いる豊臣援軍を

破ります。（羽柴秀吉は十二月に、太政大臣に任ぜられ豊臣を名乗っていました）

北九州方面には、十月には豊臣勢になった毛利軍が久々に上陸し、橋頭堡を築いていました。宗像氏は毛利とはずっと連絡を取っていたため、これに協力します。

また、皮肉にもあれだけ苦しめられた立花山城が奮戦して島津勢への壁となり、結果、島津氏の本格侵攻は宗像領には及びませんでした。

大友宗麟は豊後府内の臼杵城に籠城して滅亡寸前でしたが、天正十五年（一五八七年）二月に進発した豊臣軍十万の動きを島津軍が察知。北部九州から撤退し、その結果宗麟は命からがらで助かりました。

しかし、好事魔多しで五月六日に津久見で突然病没します。腸チフスが死因ではないかという説もあります。

享年五十八歳でした。

好敵手だった毛利元就は、これよりかなり前、元亀二年（一五七一年）に亡くなっています。享年七十五歳。家督は嫡男の毛利隆元が継いでいましたが、早逝したため嫡孫の毛利輝元がこの頃は当主となっていました。

天正十五年（一五八七年）五月、秀吉本軍十万が到着。二十万の大軍を前にして、島津義久はついに降伏しました。島津氏は秀吉傘下に入り、結果、ぎりぎりの交渉で薩摩国はそのまま領国として安堵となります。

秀吉は六月、筑前国箱崎で「九州御国分」を行います。関係部分だけ抜き出しますと、筑前は丸ごと毛利元就の三男である小早川隆景に与えられ、宗像家の旧領は全て没収されます。

宗像氏家臣は領国の安堵を願って秀吉に協力していたのですが、当主のいないことの報告を悪戯に引き延ばしていたため、その不備を突かれた形での除封でした。結局、氏貞の策は完全に裏目に出てしまいました。

箱崎からの帰途、秀吉は岳山城に立ち寄り、反抗勢力の拠点になることを恐れたのか、即時完全破却を命じます。

「畝状竪堀」は埋められ、櫓は倒され、城山閣も破壊されました。

日本の山城の一つの完成形、岳山城はこうして一度も合戦で落ちることなく、その姿を消してしまいます。

黒田孝高

天正十四年（一五八六年）六月、氏貞後室が地蔵尊六体を刻んで、菊姫らの菩提寺である増福院に奉納し供養しました。

この地蔵尊は増福院の本尊として現存し、毎年四月の二十三日と二十四日を祭礼日として、一般に開帳されています。

氏貞後室は、四百町ほどと言われる僅かばかりの所領を安堵され、謂わば倒産後の事後処理に当たったようですが、暫くしてまたもや秀吉に酷い目に遭わされることになります。

ともあれ、この地蔵尊六体が安置されて後、さしもの怨霊もようやく静まり、宗像には長い平穏が訪れます。

……こうして、この天正十四年までに怨霊の祟りで変死した者、宗像領内で実に三百余名とされており、その凄まじさ故に今日まで長く語り伝えられることになったのです……。

この辺りまでが竹林庵主人著「九州一の怪談」で描かれる、一連の因縁話の内容ということになります。

以後は、筆者の見解を交えた、謂わば「後日譚」ということになるのですが……。

宗像家を取り潰した張本人の豊臣秀吉ですが、彼はこの九州への遠征中にある壮大な構想に取り憑かれます。

——海外進出。

高麗を平定する。そして、更には天竺へも……そして、そこから唐入りし、その全土を支配する。

織田信長の考えに影響を受けたとも言われますが、兵糧攻め戦術を得意として、じっくりと城を攻め落とすようなことをやってきた堅実な実戦派が、何でそういう奇想に囚われてしまったのかはどうにも不可解千万です。

大名達へ与える所領が不足したからとか、スペインへの対抗のためだとか、他にもこの朝鮮出兵の動機には諸説ありますが、海外戦争では相手の広い国土に引き込まれて、縦深防御されるとたちまち行き詰まるというようなことは、武将ならば経験上でもすぐに分かりそうなものです。

ですので、根源的な原因はこの常識論を度外視した秀吉の奇想だとしか言いようがありません。

ともあれ、この後の北条攻めが終わると、秀吉はついに天下人となり、奇想に囚われていようが何であろうが、誰も咎めることのできない地位に就いてしまいます。

この朝鮮出兵の結末は、秀吉の死によって豊臣政権内部の対立が先鋭化し、内政優先となってしまい、半島からの無為な全面撤退に終わります。そして、実質渡海せずに勢力を温存した徳川氏の台頭という、それ見たことかという残念なことになるのは、御存じの通りです。というわけで、豊臣家滅亡へのタイムラインを逆に辿っていくと、恐ろしいことに、丁度宗像家除封の時点に行き着いてしまうのでした。

さて、ここに一般的には軍師官兵衛として有名な、黒田孝高《よしたか》が登場します。

官兵衛と呼ぶと、どうしてもイメージが付いてしまいますので、この本では黒田孝高、隠居後は黒田如水と呼称することにします。

更に、どうしたわけか触れられることが少ないのですが、黒田孝高はキリシタンだということを大前提として話を進めます。

しかも、かなり深いところでキリスト教を理解した信仰者だったと思って下さい。

大友宗麟みたいに急に神社仏閣を破壊しだすような狂信的な感じではなく、キリスト教の信者に寄り添い、イエス・キリストという存在のように人を愛して生きようとする信仰者です。

ですが、彼はサムライであり、しかも領地領民を持つ大名という不思議な存在でした。

黒田孝高は秀吉の九州遠征に軍監として参加していましたが、先の「九州御国分」で豊前国八郡の内、六郡を与えられました。

天正十五年（一五八七年）七月、新封土豊前に黒田孝高が入部するや否や、領内各地の豪族達が黒田氏の支配に反旗を翻します。彼らは代々この地方に根を張った国人達で、元々鎌倉時代に関東から移ってきた宇都宮《うつのみや》氏を祖としていました。全く縁もゆかりもない黒田氏の支配には、強い反感があったのです。

この一揆勢との戦いは黒田氏にとっても消耗戦となりましたが、最大の敵であり、また国人達の仰望を集め尊崇されていたのが、城井《きい》氏十六代当主、城井鎮房《しげふさ》でした。

怪力無双で強弓の使い手。領民からも人望を集める、大変魅力的な人物だったと伝わっています。

城井家は、鎮西宇都宮家の嫡流を誇り、一揆に参加した豪族の殆どはこの家からまた分かれたものでした。そのため、宇都宮鎮房の名で呼ばれることが多いので、以後それに倣います。

鎮房は秀吉から伊予国への移封を命じられていましたが、それを無視して居座っている状態でした。

彼が立て籠もる、天然の要塞城井谷城は難攻不落で、黒田孝高の嫡男、黒田長政《くろだながまさ》が援軍の毛利勢とともにこれを攻めましたが大敗を喫します。

どうにも正面攻撃は通じそうもありません。

黒田孝高は悩みます。

このまま叛乱に手を拱いていると、肥後の国人一揆を鎮圧できずに切腹を命じられた佐々《さっさ》成政《なりまさ》のようになりかねません。

秀吉の「謀略を用いても鎮房を討て」という厳命もあり、黒田孝高はやむなく策謀を巡らします。

既に城井谷以外の一揆は、各個撃破して治まりが見えてきました。

タイミングを見計らって、孤立している宇都宮鎮房に和睦を持ちかけることにしました。どうも秀吉直筆の御朱印状も用意していたらしく、形式上は本物の和睦案です。

しかし、恐らく物凄く寛大な条件だったと思われますが、用心深い宇都宮鎮房は城井谷から出てきませんでした。

「豊前治覧」によると、駄目押しの一手で黒田孝高は、長男の長政と宇都宮鎮房の娘、鶴姫との婚姻を持ちかけます。

これも御朱印状付きで、さすがに本気さを感じてしまったのか、鎮房は鶴姫を中津城へ送り、長政の元へと嫁がせました。

例によって人質の意味合いもあり、婚姻後はそのために停戦状態となりました。

しかし、それでも用心深い宇都宮鎮房本人が、中津へ姿を現すことはありませんでした。

天正十七年（一五八九年）、黒田孝高は肥後に赴くことになり、鎮房の嫡子朝房《ともふさ》を共なって出陣します。留守中に、娘に甘かったという宇都宮鎮房が鶴姫に会いに来るのを確信していたのか、

「もし、現れたらこれを謀殺せよ」と、密かに長政へ命じました。

四月二十日、黒田孝高の読み通りに宇都宮鎮房は家臣四十人とともに中津に現れます。家臣を合元寺に置いて、自身は小姓一人のみを連れて中津城へ入りました。

長政は酒宴を用意してこれを歓待しますが、途中、打ち合わせていた手勢とともに鎮房を斬殺します。

すぐに合元寺も黒田勢に襲われ、待機していた宇都宮家家臣は全員が殺害されます。

鶴姫は数日後に、磔刑《たっけい》に処せられる一族の有様を見て自刃。肥後に赴いていた鎮房の嫡子朝房とその手勢も、味方のはずの孝高に奇襲されて全滅させられました。

本拠の城井谷も、油断をしていたのか、瞬く間に陥落します。

ここに豊前の名門、宇都宮家は滅亡しました。正に、根絶やしという感じです。

……非情過ぎて、全然軍師官兵衛らしくないですね。

また、キリシタンらしくもないのですが、それはまあ置いておいて、この件は黒田家の一大汚点として後々にまで禍根を残すことになります。

さて、前述の謀略の一部始終については細かいところで異説があります。

明治四十四年に、なるべく史実を正確に残そうという趣旨の「黒田如水」という本が出版されるのですが、著者の福本日南《ふくもとにちなん》は鶴姫が輿入れしたという話は俗説として否定しています。

……少しは救いがあると言うべきでしょうか。

ところが、この本には福澤諭吉から聞いた話として次のようなことが書かれています。

故人福澤諭吉翁は中津の人なり。在世の日嘗て語りて曰く、宇都宮氏世々城井谷を治し、深く地方の民心を得たりしか、鎮房父子が黒田氏の詭計に陥れられて、一朝身家を亡ふや、地方の遺民黒田氏を怨みて、痛骨に入り、年々鎮房父子の祥忌に會する毎に、老若男女悉く古城の墟に聚りて、其怨魂を弔し、手に〳〵野薔薇の花の一枝を折り來りて、之を地上に挿し、異口同音に讎家の短祚を咒ひたり。其声悽愴、鬼氣人に逼り、看る者聽く者も覺えず戰栗せざるは無かりき。

つまり、鎮房親子が黒田親子に騙し討ちにされたので、これを慕っていた地方の旧領民達は深く恨んで、命日には野薔薇の花を摘んで、これを地面に挿し、黒田家の断絶を願った。

その声は、悽愴で途轍もなく恐ろしかったと。

しかも、この呪詛行為が「二百年余りも続いて、一度も中断されたことがない」と続きます。

こういうわけで、「山田事件」以上の大謀殺を黒田孝高はやってしまい、その上真底領民に恨まれた上に、明らかに呪われてしまいました。

実際、宇都宮鎮房の怨霊が中津城に現れたという話もありますし、黒田家代々にまでその影響は及びます。〈注1〉

〈注1〉黒田藩の藩主は、明治二年の版籍奉還までに十二代を数えたが、孝高・長政の血脈は六代黒田継高で絶えている。

この宇都宮鎮房の祟りに興味のある方は、則松弘明氏著「呪詛の時空　宇都宮怨霊伝説と筑前黒田家」を参照されたい。

文禄の役

福本日南は、史論家で沢山の著書があります。よく知られているのは忠臣蔵の研究で、我々が今日イメージする赤穂浪士寄りの筋書きは、日南の著作の影響が大きいと言われます。日南は衆議院議員までも務めましたが、元々は新聞記者で明治四十二年末までは「九州日報」の社長兼主筆をしていたという凄い人です。友人があの南方熊楠《みなかたくまぐす》だというのですから、当時としても卓越した知識人だったと思われます。

この「九州日報」は、「九州一の怪談」を連載した「福岡日日新聞」と後に合併して、現在まで続く地方紙「西日本新聞」となります。

天正十六年（一五八八年）、筑前新国主小早川隆景は立花山城に入り、出城のあった名島に居城を築きます。

これは、「名島城」と命名されました。

また、隆景は翌々年には宗像大社に拝殿を寄進し、本殿も修復します。不幸中の幸いと言うべきか、小早川隆景は信仰に篤い人柄だったようで二百町ほどの社領を認めており、細々とではあっても宗像社と氏貞後室のいる宗像家はまだ存続していました。

しかし、刀狩り令による武装解除が行われ検地が始まると、特殊技能のない旧宗像家家臣の人々は帰農するしかなくなり、長く土地に縛り付けられることになります。

天正十八年（一五九〇年）、小田原征伐が行われ、黒田孝高改め黒田如水は北条氏政・氏直父子を小田原城に入って説得し、無血開城させるという「軍師」の面目躍如とも言える功績を立てました。

無事だったし、別に呪われていそうにないなと思われたでしょうが、命令とはいえ宇都宮鎮房と同じような危なっかしい行動で、それは意識していたんじゃないかと思います。

前年に家督を長政に譲っていましたから、もう思い残すこともないので仕方ないかな、とは思っていたかもしれません。

押さえておくべきは、無駄な流血を避けようとした意思であり、この部分では非常にキリシタンっぽいように思えます。

孝高は前年五月に隠居し、号を「如水」としました。「水の如し」というわけで、有名な「上善如水」と言う老荘思想の一節からだろう、とか、変わったところでは聖書に出てくるモーゼの後継者「ヨシュア」のポルトガル語読みではないかとか、いろいろ謂われには諸説があります。

しかし……そんなに深読みしなくても、キリスト教の説教には水がよく出てきます。

「さて、祭りの終わりの大いなる日に、イエスは立って、大声で言われた。『だれでも渇いているなら、わたしのもとに来て飲みなさい。わたしを信じる者は、聖書が言っているとおりに、その人の心の奥底から、生ける水の川が流れ出るようになる。』これは、イエスを信じる者が後になってから受ける御霊のことを言われたのである」

「イエスは答えて言われた。『この水を飲む者はだれでも、また渇きます。しかし、わたしが与える水を飲む者はだれでも、決して渇くことがありません。わたしが与える水は、その人のうちで泉となり、永遠のいのちへの水が湧き出ます』」

ヨハネの福音書七章　同四章より

この、「水」になりたい。人々の渇きを癒やせるような存在になりたい、と彼は思ったのかもしれません。このヨハネの福音書で語られている水は、即ち「聖霊」と同義なのですが、如水はもっと素直にこの水の不思議を感じ取ったのではないかと思います。

でも、何しろ祟られていますので、その内多分怨霊でも出たのでしょう。宗像氏貞のようにだんだんと消耗していく様子を匂わせるイエズス会の書簡があります。

「父（孝高のこと）は憚ることなく、多数のキリシタンとともにミサや説教に耳を傾け、司祭や教会の諸事には欠かさず慈愛をもって恩恵を施し、常にキリシタンとして振る舞っていたが、時が経つにつれて、悪魔はそのような献身的な信仰を奪おうと能うる限りのことをし始めた。彼自身も救霊の諸事にやや冷淡になっており、彼の息子も当然のことながらキリシタン宗団に好意を示さないことを誰もが知っていたために、彼自らが望んで司祭を傍らに置いていたので、彼を介して、当初はその地で多くの成果が期待されていたが、今日までそれは得られなかった」

（傍点筆者）

フェルナン・ゲレイロ編「イエズス会年報集」第一部第二巻

「一五九九年～一六〇一年」の年報に入っていますので、関ヶ原合戦の前後辺りということになります。実際には、記録が成立する少し前だと思われます。まあ、この頃如水は幾分信仰心が揺らいでいたことだけは確かなようです。

……キリスト教では、日本の怨霊に効力がなかったのでしょうか。

天正十九年（一五九一年）一月、秀吉の弟豊臣秀長が亡くなります。これで、唯一秀吉を諌めることのできそうな人物がいなくなったわけです。

そして、八月には、あの宇都宮氏が滅んだ直後に生まれた秀吉の愛児、鶴松が亡くなります。

秀吉は悲嘆に暮れますが、それを振り払うようにして同月全国に「唐入り」を決行することを布告します。

これは既に計画が動いていたためで、朝鮮への服属要求等は前年に出され、返書を携えた使節も訪れていたのですが、朝鮮にしてみればとんでもない話なので決裂していました。

秀吉は、甥の秀次を家督相続の養子として関白職を譲渡。太閤と呼ばれるようになります。

そして、兵站要塞「名護屋城」の普請を始めました。

肥前国松浦郡に築かれた、朝鮮半島侵攻を目的としたこの城の縄張りを、黒田如水が担当しています。如水は城郭の構想が得意だったらしく、後に黒田藩の居城となる福岡城も自身で縄張りをしています。

この「縄張り」というのは、建築に際して基礎工事を行うための正確な平面位置を割り出す作業のことで、つまり、如水は測量の技術を持っていたということになります。

侵攻計画上、兵糧米の集積は欠かせないもので、全国各地から徴発された船によって博多に送られ、そこからまた名護屋へと輸送されました。

地理的に近かった筑前旧宗像領辺りでは、かなりの負担があったものと思われますが、詳しいことはよく分かりません。

いずれにしろ、兵糧米あるいは年貢米徴集のための効率的な制度が急速に整備されていったものと思われます。

文禄元年（一五九二年）四月十二日、日本軍の一番隊が釜山に上陸し、「文禄の役」が始まります。

黒田如水は隠居したはずなのですが、秀吉は家督の相続だけを許して「ワシのためにまだ働け」とのお達しです。

長政も三番隊大将として出陣。如水も総大将宇喜多秀家の軍監として参加していました。

しかし、このときは病気を理由に三カ月ほどで帰国しています。

序盤は日本軍優勢で、開戦から僅か二十一日で朝鮮の首都漢城府を陥落させるなど破竹の勢いでした。

さて、前年に千利休に切腹を命じるなど、挙動不審が高まってきた秀吉ですが、イエズス会士のルイス・フロイスによると、暫く前からこんな感じでした。

関白殿は日本の君主となるとそれまで隠されていた多くの悪徳がはっきり現れたが、その中で婦人に対する情欲に抑制が利かずに耽り、大阪の彼の城に同居する三百人の妾と正規の主要な奥方だけでは足りず、また都、および大坂の周辺の様々な城へ行くときは、そこにいる女性でも足りず、更にこの情欲を展開して……、様々な人を日本中の様々な地方へ派遣し、……容貌の良い乙女を探させ、これを強制または同意の上で連れて来させた。

（「十六・七世紀イエズス会日本報告集」）

この探索網に引っ掛かったのか、秀吉は宗像氏貞の娘が美しいことを知り、氏貞後室に命じて長女の御太姫《おふとひめ》を名護屋城に召し出します。一応「お宗の御方」と呼んで暫くは寵愛したそうです。ですが、後に暇を出されました。

更に、朝鮮へ出兵中の波多三河守親《はたみかわのかみちかし》の奥方に目を付けます。

波多氏は肥前唐津の名護屋を所領としており、水軍松浦党の総領でもありました。ですが、波多親は名古屋城建設の際の交渉で、これに反対したため秀吉の不興を買っていました。

「日本一の美女」と言われた波多親の奥方、秀の前は恫喝されて無理矢理名護屋城へ召し出されますが、貞節を守って抵抗したのか秀吉を陰険に怒らせてしまいます。

明軍の参戦や補給線の頓挫などで勢いのなくなった朝鮮の戦線では、一時休戦の交渉が行われ、文禄二年には諸将の帰国が始まっていました。

五月、その船上にあった波多親に、秀吉の譴責《けんせき》状が黒田長政の手によってもたらされます。内容は戦線での不手際を罰するものでしたが、かなり言いがかりに近いものです。波多親は所領を没収され、秀の前に逢うことも許されず、そのまま船で徳川家康預かりとして常陸国の筑波山へ配流とされました。

領国の家臣達は居城の岸岳城を奪われ、新領主寺沢志摩守広高《てらざわしまのかみひろたか》に立ち退きを迫られます。こうなると路頭に迷うほかありません。家臣の中には、前途を悲観し秀吉を恨んで集団自決する者も現れ、その没落ぶりは甚だしいものでした。

波多親はその後、旧臣達によって呼び戻され再起を図ろうとしたという話も伝わっていますが、真偽のほどは分かりません。

いずれにしろ早くに亡くなったらしく、この後も彼ら波多氏旧臣の怨みが晴らされる機会はありませんでした。

波多親が死没した際、追い腹を斬った者も多数いたとされ、これにより、祀り上げが効かない超怨霊「岸岳末孫《キシダケバッソン》」の怪談が、この地に生まれることになります。〈注1〉

〈注1〉「キシダケバッソン」「バッソンさん」については、諸事情があって多くを語ることはできない。ただ、興味のある方向けの情報だけを記す。

一番入手しやすい資料は、恐らく田中丸克彦氏著の「さまよえる英霊たち」という書籍である。これは氏の英霊に関する民俗学的研究の資料を纏めた著作であるが、この中に何故か「岸岳末孫」関連のテキストが入っている。

宗像の怨霊伝説とも共通するようなので、ここでその「祟りのかたち」という節の一部を引用させて頂く。

――この内、オコリ、カゼ、身体が動かなくなる、声が出なくなる、発熱、痛み、泡を吹くなどの症状は、典型的なキシダケバッソンの祟りだとされ、タタラレル、トガメラレル、ツカレルと表現される。つまり①

急に、②発熱し、③身体の自由が利かなくなる――ことがキシダケバッソンの祟りの特徴だとされている。
この祟りは人だけではなく、かつては牛馬や飼い猫・猟犬にも及んだ。

田中丸氏は、一九四五年生まれで唐津市出身。二〇〇〇年に急逝されている。

秀吉の死

文禄二年（一五九三年）八月に側室の淀殿が、秀吉の子（後の秀頼）を産みます。

……これがもし淀殿ではなく宗像氏貞の娘だったら、一体どうなっていたのかと思うのですが、まあ産んでしまったものは仕方がありません。

これに驚いたのが、次期政権を担う予定の関白秀次でした。「自分なんかより太閤は我が子のほうが可愛いに決まっている、俺はどうなってしまうのだ」と狼狽しきりでしたが、それでなくとも秀次も秀吉に負けず劣らず挙動不審なことを既にいろいろやらかしていて、この頃どうも情緒不安定だったようです。

難癖を付けるのが仕事みたいになっていた太閤秀吉がこれを許すはずもなく、案の定、秀次は文禄四年に謀反の疑いを掛けられて切腹となります。家臣は殉死。秀次の遺児、側室、侍女らまで処刑されました。

文禄二年の五月に、黒田如水は再度渡航していた朝鮮から帰国します。……多分、この戦争は勝利が望めないと思ったのでしょう。秀吉にそう進言した節があります。

秀吉は全く聞く耳を持たず、ひたすら譴責されます。これは殺されると思った如水は蟄居謹慎し、更に剃髪して「如水軒円清《じょすいけんえんせい》」と号しました。

……キリスト教を棄教して仏門に入った？　……いえいえ、そんな感じではなく頭を丸めて反省を表しただけではないかと思われます。

如水は、洗礼名を「SIMEON《シメオン》」と言うのですが、「円清」即ち「ENSEI」なのでアナグラムっぽいですよね。

ある豊臣家の重臣が、この頃如水を独断専行の嫌いありとして目の敵にしていたのですが、どうにか如水は秀吉に許され、千利休や秀次のように切腹するのは免れました。

重臣……名を石田三成《いしだみつなり》と言います。

この頃、小早川隆景が朝鮮から戻ります。跡継ぎがいなかった隆景は、秀吉の義理の甥である羽柴秀俊を養子に迎えます。

この羽柴秀俊は、毛利本家の跡継ぎ候補としてどうかと黒田如水から打診が行われていたのですが、それでは毛利本体が秀吉一門に乗っ取られるのではと考えた隆景が、自分の養子にしたのではないかと言われています。

翌年、羽柴秀俊は小早川秀俊と改名しました。

文禄四年（一五九五年）、小早川隆景は家督を秀俊に譲って隠居します。

秀吉は、隠居領として、宗像・鞍手・御牧三郡を隆景に与えました。宗像社の社領もこの中に含まれていたのですが、新領主小早川秀俊はこの社領の代替地を宗像社に与えませんでした。

この小早川秀俊は後にまた改名して小早川秀秋を名乗るのですが、このようにどうも社寺に対して冷淡な領地経営を行っており、若かったとはいえ人心掌握術の基礎的なところに問題があったのではないかと思えます。

……このせいで宗像社は窮乏してしまい、慶長十一年（一六〇六年）まで社領もなく、神社も荒廃し、社家も離散してしまいます。

また、氏貞後室が山田増福院に六体の地蔵とともに贈った祭田も、全て没収してしまいます。

そういう仕打ちをするとどうなってくるのかは、もう何となく分かってしまいますね。

慶長二年（一五九七年）、所謂「慶長の役」が始まり、総勢十四万と言われる軍団が再び海を渡ります。

六月十二日、隠居先で小早川隆景が没します。朝鮮に渡っていた小早川秀俊は、何故かこのタイミングで小早川秀秋と改名します。

黒田長政もまた渡海して明軍と激戦を繰り広げていましたが、事実関係をうまく太閤へ伝えていない軍目付や、現場の判断を評価しない石田三成らとの間で対立が深まっていました。

この軍目付は三成と昵懇であったり、三成の妹婿だったりで、どうも自分の息の掛かったグループを操作して長政らの評価を下げようとしていた節があります。

小早川秀秋にも再三帰国命令が出ており、慶長三年に帰国してみると、途端に秀吉から越前北ノ庄十五万石への減封転封命令が下ります。「蔚山《うるさん》城の戦い」などで武勲を上げたつもりだったのですが……長政と同じような目というか、戦況報告者の恣意的な讒言《ざんげん》に翻弄されていったのではないかと思われます。

このため、小早川領はそのまま豊臣政権の直轄領「太閤蔵入地」となり、代官として石田三成が任命されます。

石田三成は官僚として優秀でしたから、朝鮮兵糧米をより効率的に、その蔵入地全体から吸い上げていったものと思われます。

結局これは何の経済効果ももたらさない収奪行為でしかありませんので、石田三成が頑張れば頑張るほど、旧宗像領を初めとした末端の生産者は疲弊していきました。

……こういうわけで、小早川秀秋と石田三成は直接・間接の違いはあれ宗像領に仇をなしてしまったわけです。


慶長三年（一五九八年）八月十八日、豊臣秀吉が伏見城で亡くなります。

これにより秀吉自身が「唐入り」するという当初の目的が消滅し、朝鮮半島では全軍が撤退戦に移行します。

困難な撤収作業を終えて帰国した諸将に対して、石田三成は慰労しますが、加藤清正や浅野幸長を筆頭とした「反石田三成派」は、もはや反感を隠し立てもしないような有様になっていました。

慶長四年、豊臣政権は五大老制での運営に移行します。すると、秀吉遺命として徳川家康ら五大老連署の知行宛行状が発行され、小早川秀秋に旧領の筑前名島への復帰の命が下ります。どうも、家康の意向が反映されており、後の布石のために恩を売ったという感じです。またもや、過酷な政策しか行わない問題のある領主が戻ってきて、当の筑前は喘ぐしかないわけですが、世の中はついに関ケ原決戦の前夜となり、様々な策謀が渦巻きだします。

関ヶ原

この頃、黒田如水は先にあったように悪魔と戦っていたのか、あまり表立って姿を現しませんでした。

伴天連追放令を出した秀吉が亡くなり、キリスト教信者にとっては束の間の平穏が訪れていた時期で、市中では普通に伝道も行われていたのですが、如水の記事はイエズス会の報告書からも記載が激減しています。

ですが中津には教会もあり、黒田如水はこれを変わらずに保護していましたので、根源的なところでは変化はなかったと思われます。

長政は天正十六年に、中津城内に城内守護紀府大明神（城井大明神）として宇都宮鎮房を祀っています。……やっぱり、怨霊が出たのか？　出続けていたのか？　とも思えますが、その辺りのことはよく分かりません。

長政は小早川秀秋と違って、後々まで寺社をよく保護しています。ですが、自身はこの頃キリシタンでした。

徳川の体制になると長政はキリスト教を棄教しますが、如水はこの長政の宗教的にフレキシブルな性格をよく見抜いており、逆にこれを利用したのではないかと思える節があるのですが、この件は後ほどまた……。

さて、加藤清正、福島正則、黒田長政、細川忠興、加藤嘉明、池田輝政、浅野幸長ら七将による石田三成への襲撃事件や、上杉討伐への経緯は省略して、事態は関ヶ原決戦へと移行します。

慶長五年（一六〇〇年）、八月十五日。

東軍七万五千、西軍八万四千が関ヶ原に布陣。

小雨が上がった午前八時過ぎより、鉄砲の撃ち合いが始まり、両軍が激突します。

が……合戦の描写も省略して、終盤となります。すみません……。

概ね西軍優勢で推移していた関ヶ原合戦でしたが、これを引っ繰り返したのは何と同じ西軍の毛利一族でした。

毛利輝元、毛利秀元、吉川広家、小早川秀秋らです。

総大将のはずの輝元は大坂城から動かず、それを見た秀元は疑心暗鬼になって兵に弁当を食べさせるのに忙しく、吉川広家はそもそも完全に家康派だったので秀元の動きを押さえていました。

ここに、毛利元就譲りの致命的な「総裏切り」が大炸裂し、毛利勢の参加しなかった西軍はあえなく敗れます。

特に小早川秀秋の裏切りは決定打で、西軍の総崩れを呼び込み家康は大喜びでした。

毛利輝元と秀元は裏切りの度合いが足りなかったようで、戦後家康に所領を大減封されます。裏切りの度合いが元就のレベルだと絶賛された小早川秀秋は、旧宇喜多秀家領の岡山五十五万石に加増・移封されます。

こう考えると、毛利元就の偉大さがよく分かりますね。

九月十八日、退却した石田三成が籠城していた佐和山城が落ち、二十一日に捕らえられます。そして、大坂・堺を引き回された後京都に移され、十月一日に六条河原で斬首となります。

筑摩江《つくまえ》や　芦間に灯す　かがり火と　ともに消えゆく　わが身なりけり

……というのが石田三成の辞世の句なのですが、文治派らしい情感重視の繊細な句ですね。ですが、このように繊細でクールなイメージのある三成が、何でまたこの下策とも思える無理筋な戦いをやろうという激情に駆られたのかは、また不可解と言えば相当に不可解です。

一方、黒田長政は反石田に凝り固まっていたのか既に徳川家康側に付いていていました。臣従のために妻の糸姫と別れ、家康の養女栄姫《えいひめ》を娶ります。〈注1〉

家康に従って上杉討伐に参加し、転進して関ヶ原合戦でも切り込み隊長として武功を上げました。特に吉川広家や小早川秀秋の調略に関与、成功しており、合戦の帰趨に甚大な功績を残したことになります。

これにより、筑前国名島に、五十二万三千余石の大封を与えられます。

で、大喜びで名島城に入ったのですが、驚いたことに前領主の小早川秀秋は、備蓄してあるはずの年貢米を全て持ち去ってしまっていました。


小早川秀秋は素知らぬ顔で岡山城に入り、何か思うところあったのか、荒廃した寺社の復興を行い、農地の整備、検地推進など急に善政を心がけ始めます。〈注2〉

が、一方で酒量が増え、何やら様子がおかしくなってきます。

具体的には分かりませんが、残酷な乱行があったらしく、さすがに目に余ったのでしょう。

家臣の杉原重政が諫言しますが、これを別の家臣の村山越中に命じて上意討ちを行うという始末。その後も全く聞く耳を持たず、付家老である滝川出雲らは耐え切れずに出奔してしまいます。

アルコールによる肝性脳症だったという説もありますが、小早川秀秋は幻覚に苛まれ、何か訳の分からないものに恐怖しながら死にました。

慶長七年（一六〇二年）、十月十八日のことです。

享年二十一歳でした。辞世の句はないようです。

大谷刑部が秀秋の関ヶ原での裏切りに怒り、自害する際に「人面獣心なり。三年の間に祟りをなさん」と言い残した逸話があまりにも有名で、早逝はこれの祟りではないかとも言われています。ですが、どうにも筆者は六人の女性の怨霊が、小早川秀秋の周囲でケラケラ笑っている図が脳裏に思い浮かんで仕方がありません……。

小早川家は、跡継ぎがおらず無嗣断絶により改易となります。

〈注1〉黒田長政と妻糸姫との間には「菊」という女子が生まれていた。「菊」は、糸姫が離縁後に阿波徳島の蜂須賀家へ戻った後も、黒田家に残っている。後に黒田家家臣井上庸名の妻になるが、成人するまでずっと、黒田家には「菊姫」がいたことになる。

〈注2〉小早川秀秋は関ヶ原合戦の後、小早川秀詮《ひであき》と改名しているが、ここではそのまま記した。この改名は偏諱というわけでもなく、理由は不明なのだが、ひょっとしたら魔除けのつもりだったのかもしれない。

宗像へ

関ヶ原で合戦が行われている時分、黒田如水のいる豊前中津城は、概ね西軍に組みする諸侯に囲まれているような地勢でした。

長政が戦闘部隊を上杉討伐に連れて行ってしまったので、仕方なく金蔵を開けて人を雇い、久々に防備のための自前の軍を編成し始めます。

すると、ずっと元気のなかった如水は、見違えるようにまた「軍師官兵衛」の表情を取り戻したのです。

まだだ、まだ俺はやれる……。ひょっとして、今が最大の好機なのではないか？

早速、家康に軍を動かす許可を求めます。

もう、遠慮なんか要らない。

この際だ、存分に戦をしてやろう！

いっそ、この九州を大改造して、理想のキリシタン王国を作ってやる！

金蔵の金は惜しげもなく使われ、如水は練兵も得意だったのか、あっという間に九千人余りの精強な軍団を作り上げてしまったのでした。

そこへ、あの大友宗麟の嫡子、大友義統が帰ってきます。義統は、文禄の役での失策を責められ改易されて蟄居の身となっていましたが、西軍の策で豊後国が返還され、入部するために戻ってきたのでした。

別府に上陸した後、すぐに旧臣が参集してきます。田原紹忍《たばるじょうにん》や宗像鎮続《しげつぐ》らですが……この、宗像鎮続は、やはりあの宗像鎮氏の一族だろうと思われます。

そうして集まった人数は、あっという間に五、六千人余りに膨れあがるのでした。この勢力は、家康方松井康之の籠もる杵築《きつき》城を攻撃。黒田如水が駆けつけると、既に立石城へと引いていました。

如水と康之の連合軍が、仕切り直して立石城を攻めます。

慶長五年（一六〇〇年）九月十三日夕刻、激戦の末、城は落ちます。

大友義統は降伏。生け捕りとなり、再び幽閉される身となります。後に、常陸国宍戸に流罪となり、十年後に死去します。

運命の悪戯なのか、真田の策の先例と言うべきか、義統の長男大友義乗《よしのり》は徳川家康に仕えており、大友家の血脈は宗像家に仇なした勢力としては珍しく、その後も保たれることになります。

――この義乗の母は、大友氏家臣吉弘鑑理の娘で、名を「菊姫」、洗礼名をジュスタといいます。

如水はすぐに国東半島へ侵攻。次々と西軍方の城を開城させ、一カ月ほどで豊後一円を平定してしまいます。そして、十一月の二十二日に家康の停戦命令が下るまでに、敵は島津氏以外にはいなくなってしまっていました。

西軍に付いた島津は一年以上もの間、家康に殆ど平謝りの交渉を続けます。その結果、どうにか所領を安堵され、幕末まで藩を維持していくことになります。

如水は関ヶ原合戦の結果を、この時期よくよく吟味していたのではないかと思います。戦前と日本の勢力地図は一変し、毛利などの大身の大名が厳封され、徳川に付いた中小大名が勢力を伸ばしました。

この体制の中で、果たしてキリシタン王国が築けるのか？

それを作ったとして、倅の長政は自分が死んだ後、それを維持していけるのか？

徳川家康公は、イエズス会にずっと寛容でいられるのか？

答えは――否、でした。

すっかり王国の夢を諦めた如水は、家康に戦いの恩賞も要求せずに、さっさと長政のいる筑前名島へ赴きます。

実は、以前から欲しかった土地があったのでした。

……旧宗像領です。

長政から隠居領として貰い受けて、暫く住むつもりでした。

何でそんなことが分かるのかというと……。

これもある意味因縁話めいているのですが、地方紙「西日本新聞」が「九州一の怪談」を連載した福岡日日新聞の流れを汲むことは前に書きましたが、その二〇一四年十月二十八日付けの朝刊にこんな記事が載りました。

官兵衛、隠居後の拠点は宗像だった　古文書調査で裏付け

福岡藩祖の黒田如水（官兵衛）が隠居後、筑前国の宗像郡江口（現在の福岡県宗像市江口）に拠点を置いていたことが、九州大の福田千鶴教授（日本近世史）の調査で分かった。宗像郡一帯が如水の「隠居領」だったことは知られていたが、その詳細は不明だった。福岡藩の船手頭（ふなてがしら・水軍の長）を務めた松本家に伝来する古文書に記されていた。

如水は天正十七（一五八九）年に家督を息子長政に譲り、支配権が及ぶ「隠居領」を宗像郡一帯に持ったとされる。福岡市博物館によると、松本家は文禄・慶長の役で黒田家の軍船の惣頭（統括者）を務め、関ヶ原の戦いの後、筑前国に入った如水から宗像郡内に知行地などを授かった。

福田教授は、約四百四十点ある松本家文書の内、江戸時代に書かれたとみられる「松本家譜」(個人蔵)を分析。如水が「宗像郡六万石を隠居領とし、暫く江口に在留、船や船手、船頭、水主も在留させた」との記述を発見した。この地域を流れる釣川は、現在よりも東側を通り、玄界灘に注いでいたという。

福田教授は「六万石は相当な規模。江口は如水の軍事拠点だったのではないか」と推察する。近くには如水が筑前入国後に寺領を寄進し、如水の肖像画が残っている承福寺もある。

晩年の如水は太宰府天満宮に居を構えて連歌や茶を楽しんだことでも知られる。同博物館の高山英朗学芸員は「今回の発見は、隠居後の如水の具体的な行動を知る手掛かりになる」と話している。

記事の天正十七年云々は、まだ小早川家の所領だったので単純ミスだと思いますが、この記事でとにかく吃驚すべきなのは、「宗像郡江口」という地名です。

何故かというと……次の地図を御覧下さい。

宇都宮鎮房の斬り殺された中津城趾から直線を宗像の江口方向に引くと、丁度菊姫らの菩提を弔う山田増福院を経由して、宗像郡江口に到達します。

見方を変えると、中津城趾から山田増福院へ直線を引くと、その延長線上に江口があるのです。

つまり、江口から見ると豊前の怨霊からの直線を、宗像の大怨霊が塞ぐ形になるわけです。

そして、この形になる場所は、宗像郡江口しか存在しないわけです。

黒田如水は、城の縄張り、つまりは測量技術が得意だったと思われますが、もしかしたらというべきか、この正確さだと確信的だとしか思えませんが、このことに気付いていて、わざわざ江口に移り住んだのではないかと思われます。

……何故?

これは資料もないので筆者の想像でしかないのですが、宇都宮鎮房の怨霊が確信できるくら

いに酷く祟っていて、既存の宗教や如水が篤く信仰するキリスト教でさえも、それを抑えられなかったのではないでしょうか。

そういうとき、最後の手段として人間が考えることというのは、大抵いつでも同じです。

「貞子VS伽椰子」というホラー映画がありましたが、あれの劇中の名セリフそのままです。

「バケモンにはバケモンをぶつけんだよ！」

御霊信仰

祟りを成す怨霊を祀り鎮める、その霊威を畏れこれを信仰する。これを御霊信仰と言い、奈良朝末期から平安朝にかけて世の中に広まりました。

菅原道真は天神様となり、平将門は神田明神となり、怨みを残した人間が神として現在も尊崇を集めています。

とても古い信仰の形態なのですが、煎じ詰めるとその考え方のエッセンスはこうなります。

「敵に回すと最も恐ろしいが、味方に付ければこれほど頼もしいものはいない」

そんなわけで、如水は山田地蔵尊の霊威を頼ったのではないかと思われます。

情報通の如水ですから、宗像の怨霊騒動のことはとうに知っていたことでしょう。

そのため、中津城方向をブロックできる場所へ行って、様子を見たのではないでしょうか。

また、何の根拠もありませんが、平釜を破壊したり大嵐を呼ぶところなど、宗像の怨霊には何となく旧約聖書の神を思わせるところがあり、少し親近感があったのかもしれません。

先の新聞記事に、承福寺のことが出てきますが、如水が訪れたときの様子はこんな感じでした。

黒田初代藩主長政公の父君、黒田如水公は、宗像の地を領されて、領内御廻郡の折、氏貞公の塔所へ参詣されたという。このとき、慌てて出迎えた承福寺住職は野良仕事の最中、泥まみれであった。宗像家没落とともに官位百刹の名刹、承福寺もすっかり疲弊し、住職自らくわをもち百姓然であったという。これを見られた如水公は、先の国主の菩提寺の荒廃をあわれまれ、山林用地を授けられたという。

「宗像黄門氏貞公の業績（氏貞公御塔護持会）より」〈注1〉

一方の長政は、小早川秀秋の施策によって困窮していた社家を気に掛け、これを救済し、また当時の宗像社にも五十石を支給しました。更には、辨の前と千代松丸を弔う円通院にも、「長政公入國し給ふ後、大音六左衛門重成に此村を賜ひける。長政公に請ふて山林五千坪及圃地二反餘を此寺に寄附せり。」（「筑前國風土記」）

と、篤く庇護しています。多分、如水の意向もあったのかもしれません。

山田増福院に直接如水が参ったとか、何か祈願したとかいう記録は何故かないのですが、増福院入り口に「山田夫人古址」という大きな古碑が建っており、これの背面に漢文で由来が彫ってあります。

安永六年（一七七八年）、時の郡令の富永という人が山田屋形の跡が田畑となっていたのを買い取って、増福院に寄進し、香花料としたもので、山田夫人惨殺の故事を記した後「この田より産するものを、上は地蔵菩薩に供え、下は六夫人の霊にすすめて、世に変わることがなければ、悪行絶えて、幸福が訪れるであろう」というような意味のことが記してあります。

これの撰者が黒田藩菩提寺崇福寺の当時の住職、徳蔭和尚で、官職も僧職も増福院や怨霊伝説とは、この時点でも強い繋がりがあったことが分かります。〈注2〉

さて、長政と如水は福岡城の建設を計画し始めます。

やっぱり、御霊信仰による怨霊対策は効果があったのか、この時期、如水はかなり精力的に動いていたようです。

またもや、築城の縄張りは如水が担当なのですが、実は彼はこの福岡城にも六人の怨霊の霊威を呼び込もうとした節があるのです。

――それは、福岡城の鬼門方向を増福院で塞ぐという試みでした。

え？

福岡城の北東の鬼門方向は博多湾だろう、ですって？

確かに、福岡城の鬼門方向は海か福岡競艇場のような気がするのですが……。

次の地図を御覧下さい。

如何でしょうか。福岡城の鬼門方向は、よく黒田藩菩提寺の崇福寺が塞いでいると言われますが、こちらのほうがかなり正確に北東に見えます。

それでは、中津の宇都宮鎮房の方向はどうするんだと言われそうですが、福岡城から見たその方向には、警固神社や大名、薬院に展開する寺院群が密集しています。けれども、より正確に測定するならば、直線上には住吉神社が来ると思います。福岡のそれは、全国に二千百二十九社ある住吉社の本社です。

面白いことに住吉社は、航海・海上の守護神として、宗像社と並んで古代から崇敬されてきました。

この配置にどんな意味があるのかは研究不足で分かりませんが、参考までに気になるグーグルマップを御紹介しましょう。

ウェブ上に放置されているようなのですが、これによると対馬の豆酘《つつ》「雷《いかづち》神社」、壱岐の「住吉神社」、筑前の史跡、雷山神籠石にある「筒城神社」が一直線に並んでいます。

つまり、住吉系の直線構造も存在するわけです。

……こういう直線構造が何を意味するのか、古からの呪術的な何かなのか、その判断はこの本の守備範囲を超えていますので、お答えのしようがありません。

〈注1〉ウェブサイト「占部家系傳」より引用

〈注2〉吉田虎雄氏著「山田騒動の真犯人」より引用

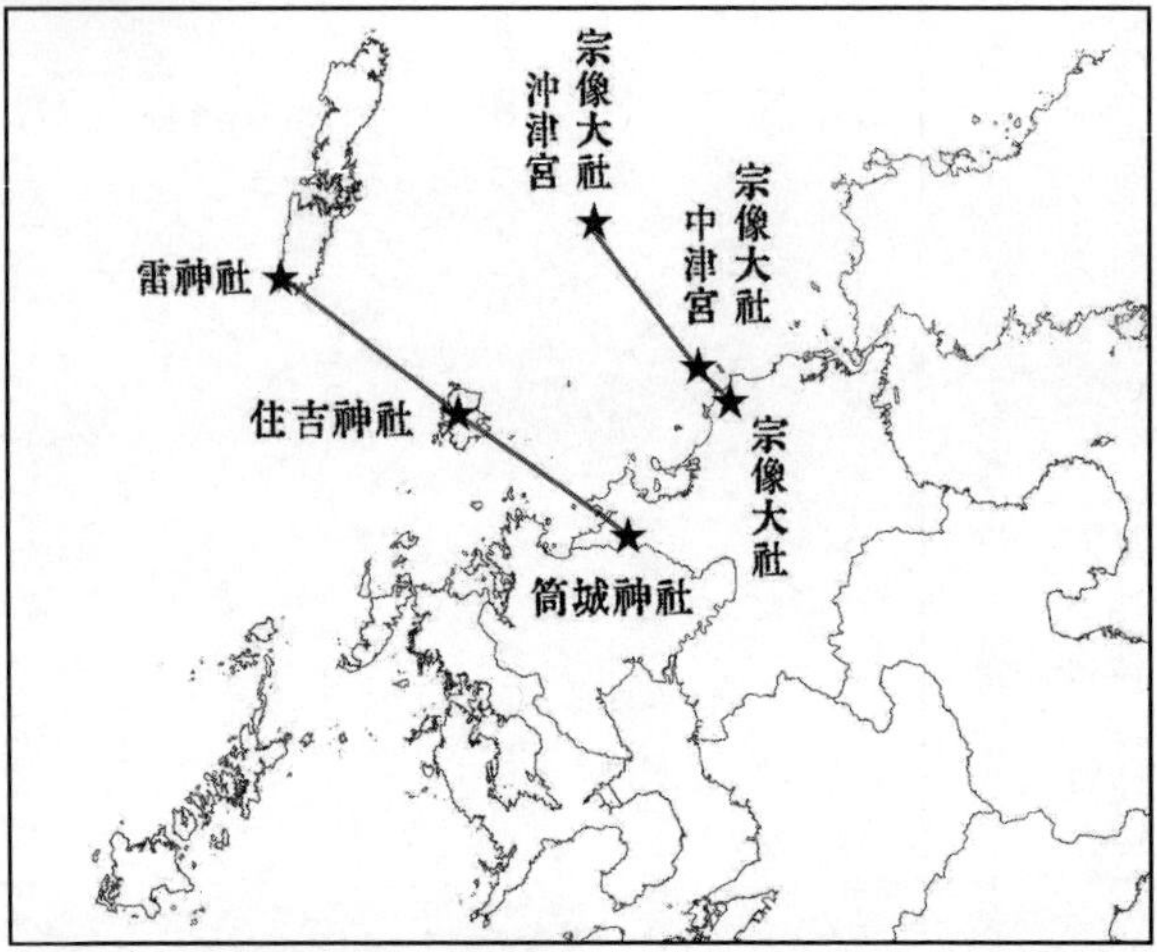

キリシタン禁教

慶長六年（一六〇一年）。

黒田如水は福岡城の普請中、居館が完成するまでの間一年ほど、筑前国太宰府に居を移しました。

太宰府と言えば、菅原道真公を祀った太宰府天満宮があることで有名ですが、その傍というわけではなく、何とその境内に住んでいます。

菅原道真公は京の清涼殿に雷撃を加えるなどの祟りを成し、大怨霊としてつとに有名で、その後の天神信仰の祖となったことは御存じの通りです。

例の怨霊ブロックの方法が効果があったのか、今度は菅原道真公に守られて、如水はここでもリラックスできていたようです。〈注1〉

好きな連歌を詠み、お茶を嗜むなど、平穏な暮らしぶりが今に伝わっています。

……そういえば、如水が吉川広家に贈った茶釜が岩国市の吉川史料館に現存しているのですが、これが例の「芦屋釜」なのだそうで、如水が作らせたのかとも思いましたが、来歴を調べると豊臣秀吉からの拝領の品でした……。

当時の天満宮は相次ぐ戦乱で荒れ果てており、如水はその境内を造営するなど復興に尽力します。

米九十石七斗、銀千七百匁などを贈りました。

……これはまあ、菅原道真公へのお礼の意味もあったのでしょうが、同じく太宰府で焼失していた崇福寺を博多に移して再興させるなど、何故か寺社に手厚い方策を打ち出します。

長政とともに、積極的に臨済宗や曹洞宗などの禅宗寺院の保護に務め、臨済宗では崇福寺、承天寺、聖福寺など。曹洞宗では安国寺、明光寺、宗勝寺、瑞石寺、宗生寺など多数の中本山・小本山級の寺院が現在でも福岡市近郊に存在しています。

これらの寺は、黒田藩の歴代藩主からも寺領の寄進を受け、後々まで守られます。

ですが、如水はキリシタンだったはずなので、違和感を覚えますね。

慶長八年（一六〇三年）に京都妙覚寺の僧、唯心院日忠が如水と長政の命によりキリシタン宣教師と法論を戦わせることになりました。

如水と長政の裁定で、唯心院日忠が勝利。キリシタン教会は破壊され、跡地には日蓮宗勝立寺が創建されます。

こうなると、もう如水はキリスト教の味方でもないような気がしてきます。

……ですが、そうではなくて、以下は筆者の想像ですが、如水は人生最後の、壮大な策を巡らしていたのではないでしょうか。

この頃から、如水はどうも日本におけるキリスト教の撤退戦を考えていたのではないかと思います。

・有力キリシタン大名はもはや自分のみとなり、自分が死した後には、もはや日本の国土内にキリシタン安住の地はない。
・禁教も時間の問題である。
・そうなった場合、二十万人以上はいると思われるキリシタンはどうなるのか。
・キリシタンが迫害され、信仰を失うのは我が身が斬られるが如く耐え難い。

如水は考えます。

……いや待て。……怨霊だって頼ったら、役に立ってくれた。

……ひょっとして、既存の宗教だって、頼ったらキリシタンを守ってくれるかもしれない。

所謂耶蘇《やそ》教は、キリシタン大名の行いが悪かったこともあって、既存の宗教とは犬猿の仲でした。

ですが、如水は既存宗教の寺社を篤く保護することによって、引き替えにキリシタンの保護を依頼し密約を交わしたのではないでしょうか。

謂わば、キリシタンの間接保護政策です。

それには、保護する主体の黒田藩の存続が前提になるため、長政はさっさとキリスト教を棄教し、如水も何となく冷淡になっていたのではないかと思います。

例の法論の一件も、それを印象づけるためのパフォーマンスだったのではないか。よくお寺に、来歴の分からないキリシタンの遺物が置いてあったりしますが、こう考えていくと筋は一応通るのではないでしょうか。

京都右京区の臨済宗妙心寺には、ＩＨＳと鋳文字のある南蛮寺の鐘が伝わっていますし、福岡市内では、聖福寺と香正寺にキリシタン灯籠の竿石のようなもの、京都の北野天満宮にも何故かキリシタン灯籠があります。

キリシタン灯籠と呼ばれるものは、元々織部式灯籠と呼ばれ、キリスト教との関係は定かではないのですが、意匠が如何にもそれ風なものだったため、信仰に取り込まれていったものと思われます。

謂わば卵が先か鶏が先か的な問題なのですが、まあ「キリシタン相談所」の目印としては役に立ったかもしれません。

そういえば、あの英彦山にもマリア観音像や大日如来クルス等の遺物があるそうです。

長崎の曹洞宗天福寺は、隠れキリシタンの隠れ蓑の寺として三百二十三年の歴史があるといいます。その間、キリスト教の信仰の灯火は消えなかったわけで、やはり如水が考えたような、そういう意図が何処かで働いていたのではないでしょうか。

慶長九年（一六〇四年）三月二十日、黒田如水は京都伏見の藩邸で亡くなります。

おもひをく　言の葉なくて　つゐに行く　道はまよはじ　なるにまかせて

……というのが、如水の辞世の句なのですが、キリシタンに声を掛けたいが何も言い残せない、やるだけのことはやったので、信仰の道を迷うことなく時勢に応じて生きていけよ……というふうに筆者には読めてしまいます。

如水の遺体は博多に運ばれ、教会の宣教師達によって儀式が行われ、棺に入れられて埋葬されます。

さて、この葬儀が豪勢だったためか、黒田長政は教会の関係者と暫く親しくしていたようです。

そんな折、宗像の沖ノ島に「神宝」があるという話を聞きつけます。一度見てみたかったのですが、誰も神罰を畏れて行きたがりません。持ち帰るなど、以ての外です。

それならキリシタンなら大丈夫だろうと言うことで、丁度平戸藩から移ってきていた籠手田ジェロニモ安一を最適だと判断し、派遣します。

イエズス会年報によると、この際宝物を打ち壊したり、偶像破壊を行った様子があるのですが、真偽のほどは分かりません。また、貝原益軒の「筑前国続諸社縁起」によると、このとき

「神宝」が持ち帰られ、それを福岡城の櫓に保管していたところ、櫃が鳴動し、光り物が飛び交い、慌てて神職に命じて返納させたとされています。

この「神宝」ですが、沖ノ島御金蔵（4号遺跡）からもたらされたと伝わる「金銅製雛形高機《たかはた》」が、それではないかと言われています。八～九世紀頃に、沖ノ島に奉納されたミニチュアの高機で精緻な作りのものです。

宗像大社の神宝館に展示してありますので、お出かけの際には是非御覧下さい。

……というわけで、長政は間接的に禁忌を犯してしまったわけです。

しかし、直接的には皮肉にもあれほど如水が案じたキリシタン達へと、大災禍が発動することになります。

慶長十七年（一六一二年）江戸幕府は直轄地でのキリスト教を禁ずる法令を出します。

翌年にはこれを全国へ広げ、徐々に各地のキリシタンは追い詰められていきます。

寛永十四年（一六三七年）十月には、島原の乱が勃発。大規模籠城戦となり、三万七千とも言われる一揆勢は全滅しました。

この島原の乱の一揆勢最高指導者は、天草ジェロニモ四郎だとされています。

そして、日本は長い鎖国の時代を迎えることになります。

〈注1〉山田増福院と太宰府天満宮に線を引いて、地図上でその中間地点を割り出して見たことがあります。すると……かの有名な心霊スポット、「犬鳴トンネル」の辺りになってしまいました。何かが、せめぎ合っているのかもしれません……。

怨霊がデザインする国

慶長十九年（一六一四年）の大坂冬の陣、そして、翌年の大坂夏の陣を経て、ついに豊臣宗家は滅亡します。

冬の陣には、黒田長政嫡子忠之が参加。このとき十三歳でしたから、指揮を執るなどということはまだ無理で、殆ど目立つことはしませんでした。黒田長政本人は、二代将軍徳川秀忠に従って夏の陣に参加しています。

黒田忠之は、宇都宮鎮房の祟りなのか、性格的に問題があり、後に家老の栗山大膳《くりやまだいぜん》と衝突して「黒田騒動」を引き起こしてしまいます。

黒田長政は自身の藩の殖産興業を計画し、新田開発を奨励し新産業を始めたりで、もっぱら内政に励んでいました。

しかし、この頃は戦国の記憶が生々しかったのか、「宇都宮鎮房の祟り」の噂が未だに流布していたようです。

火事などがあると、すぐにその噂と関連付けられて語られるのでした。

ですが、現在の北九州市八幡西区黒崎の辺りでは、火災の際に帆柱山から火球が飛んできてその中に侍の姿が見えるとして、「宇都宮鎮房の祟り」が現実的な災厄として社会問題化していました。

怪火事件が相次ぎ、業を煮やした長政は、対怨霊用の秘技として黒田藩で考案された「火魔封火打釘《かまふうじひうちくぎ》」〈注1〉の神事を執り行うよう栗山大膳に申し付けました。

ですが、栗山大膳は人心を治めることが第一と言い、

「それよりも、民のために慈善事業をして怨霊に許しを請うことです」と、執り成されました。

こうして、北九州市八幡西区楠橋の遠賀川から、同本城の洞海湾に至る全長十二キロメートルの運河「堀川」が作られることになります。

実は元和六年に大規模な洪水があり、この対策として遠賀川の治水のための放水路計画があったのですが、これに予算を付けてお墨付きを出したことになります。

この堀川ですが、難工事に次ぐ難工事で、その上作る端から不具合も起こります。追加計画や改修も度重なって、最終計画の完成までに実に百八十三年という月日が掛かりました。

しかし、明治に入ってからは産炭地からの水運による石炭運搬に活躍し、北九州に製鉄産業を興す切っ掛けとなり、近代日本を作る礎としての必要不可欠なインフラとなったのでした。

さて、江戸時代を通して旧宗像領に仇なす外敵はやって来ませんでしたが、明治三十八年（一九〇五年）、海から途轍もなく強力な敵が押し寄せてきます。

ロシア海軍の第二太平洋艦隊、所謂「バルチック艦隊」です。

その内訳はというと、戦艦八、装甲巡洋艦三、巡洋艦六、装甲海防鑑三、駆逐艦九、総トン

数にして十六万トンという無敵艦隊的物凄さです。

バルチック艦隊は沖ノ島沖、十キロ付近を通過。これに、日本の連合艦隊が襲いかかります。沖津宮の神官に仕えていた佐藤市五郎は、戦いの状況を殆ど視認したと言いますから、今なら確実に「沖ノ島沖海戦」と呼称されていたでしょうね。

結果としては、ロシア側の大敗戦で、どうにか味方のいるウラジオストックにたどり着けたのは、仮装巡洋艦一隻、駆逐艦二隻のみで、バルチック艦隊は嘘のように壊滅してしまいました。

ロシア側の戦死者四五四五人、捕虜六一〇六人。

日本側の戦死者一〇七人。失った船は水雷艇三隻のみでした。

世界遺産になってからは中止されてしまいましたが、毎年五月に行われていた沖ノ島の現地大祭というのはこのときの日露の戦没者を慰霊するもので、この勝利の顕彰が目的でもありました。

さすがに、この圧倒的勝利には神威を感じてしまわざるを得ませんからね。

つまり、感じる人にはこの日本海海戦が第三の「神風」に思えるわけです。

ロシア帝国そのものも、戦争指導者であったニコライ二世が民衆弾圧によってロシア革命を招き、国中が赤化して混乱していきます。やがて、ウラジーミル・レーニンの殺害命令により、一九一八年七月十七日、ニコライ二世は一家共々銃殺され、ロマノフ朝は絶えました。

そして、ロシア社会主義連邦ソビエト共和国が誕生。やがてロシア、ザカフカース、ウクライナ、白ロシア各共和国を統合し、ソビエト連邦という巨大国家になりました。
ですが、この共産主義の壮大な実験はやがて失敗に終わりました。

……しかし、当の日本も禁忌を犯してしまいます。

昭和十五年（一九四〇年）、旧陸軍は沖ノ島に九六式二連装十五センチカノン砲を設置します。遺跡群の反対側斜面の一番高い場所なのですが、ここに今でも戦時遺跡として砲台跡が残っています。

当然、操作する人間も必要ですから、下関要塞守備隊の重砲兵連隊が配備されました。兵の数は常時二百人はいたらしく、兵舎や弾薬庫なども作られました。

このため、原始の姿を残した神域の森も伐採され、燃料としても使われて、かなりの自然破壊があったものと思われます。

すると……砲台完成後にはナチス・ドイツがフランスに侵攻を開始。日本軍は重慶を爆撃。贅沢は敵となり、九月には日独伊三国同盟が成立。

翌年の太平洋戦争開戦に向けて、どんどん坂道を転げ落ちていってしまいます。

その後は……皆さんよく御存じの通りです。

東郷平八郎や明治の軍人は実に誇り高く、道徳的にも高潔だったと思うのですが、太平洋戦争時にはどうしたわけか、軍部は訳の分からない作戦を立ててみたり、人命軽視の無茶なことばかりやっています。
今思うと、誰も彼も祟られていたのかもしれません。

戦後になりますと、日本はアメリカの核の傘に守られていますから、現在に至るまで明らかな外敵はやってきていません。

昭和二十七年（一九五二年）というのが、丁度「山田事件」から四百年目に当たるのですが、幾らか関連事項があるようなので、概要を見てみましょう。

と言っても、四月までに固まっているので少しだけです。

一月十八日、韓国大統領・李承晩《イスンマン》がアメリカ等の反対を無視して海洋主権宣言を行い、漁船立ち入り禁止線を日本海に設定します。所謂、「李承晩ライン」というものですが、元々呪術的な「ライン」が入り組んでいそうな海域に、そんなものを設定したせいか、「竹島問題」という未だに解決できていない痛恨の「呪い」を発生させてしまいます。

この際、日本の漁民へ危害を加えるような事件も起きており、島への侵入など同じようなことが起きるのではないかと心配した宗像大社復興期成会に、沖ノ島の学術調査に踏み切らせる端緒となりました。

二月二日、後に第十八代韓国大統領になる、朴槿恵《パククネ》が誕生……。

二月二十八日には、「日米行政協定」が調印されます。これは一九六〇年の日米安全保障条約（新安保）締結に伴って、「日米地位協定」として承継された、かなり悪名の高いものです。

その不平等性は、様々な問題を引き起こしながら日本を呪縛し、これも未だに解決ができていません。

「日米行政協定」のアメリカ側調印者であるディーン・ラスクという人物は、ケネディ及びジョンソン政権で国務長官を務めた官僚ですが、陸軍省にいた時分に朝鮮半島におけるアメリカ軍の進駐限界線の画定を陸軍次官補に求められ、チャールズ・H・ボーンスティール三世とともに、壁掛けの地図を見ながら僅か三十分ほどで「北緯三十八度線が最適だ」と決めたと言われています。

この問題も、未だに全く解決できていませんが……とにかく、この辺りで勝手に線を引くと碌《ろく》なことにはならないようです。

ただ、ディーン・ラスクは戦後の日本海の日本領土に関して、韓国に「ラスク書簡」を発行しており、竹島の帰属に関しては、韓国の主張を退けています。

四月六日、大村競艇場にて競艇が初開催。……そういえば、福岡県の芦屋にもありますし、福岡城の近くにもありますね……。

大村市は、キリシタン弾圧の地でもありますが……。

そして、四月十七日、鳥取大火が起こります。

死者二名、罹災者二万四五一一人、罹災家屋五二二八戸、罹災面積一六〇ヘクタール。

この日はフェーン現象による強い南風が吹き荒れており、瞬く間に鳥取旧市街の三分の二が消失しました。

　実はこの日が、旧暦換算の三月二十三日に当たるのですが……何故鳥取なのか？

　秀吉がまだ羽柴姓を名乗っていた頃、この鳥取城を兵糧攻めで落としているのですが、別段宗像とは関係ないはずです。

　そう思って地図を眺めていると、こんなことに気が付きました。

　始点を名護屋城址、そして終点を鳥取城址として直線を引くと、山田増福院の辺りを経由するようです。

　……だから？　と言われても返す言葉もありませんが……。

　このとき、いち早く鳥取に駆けつけて

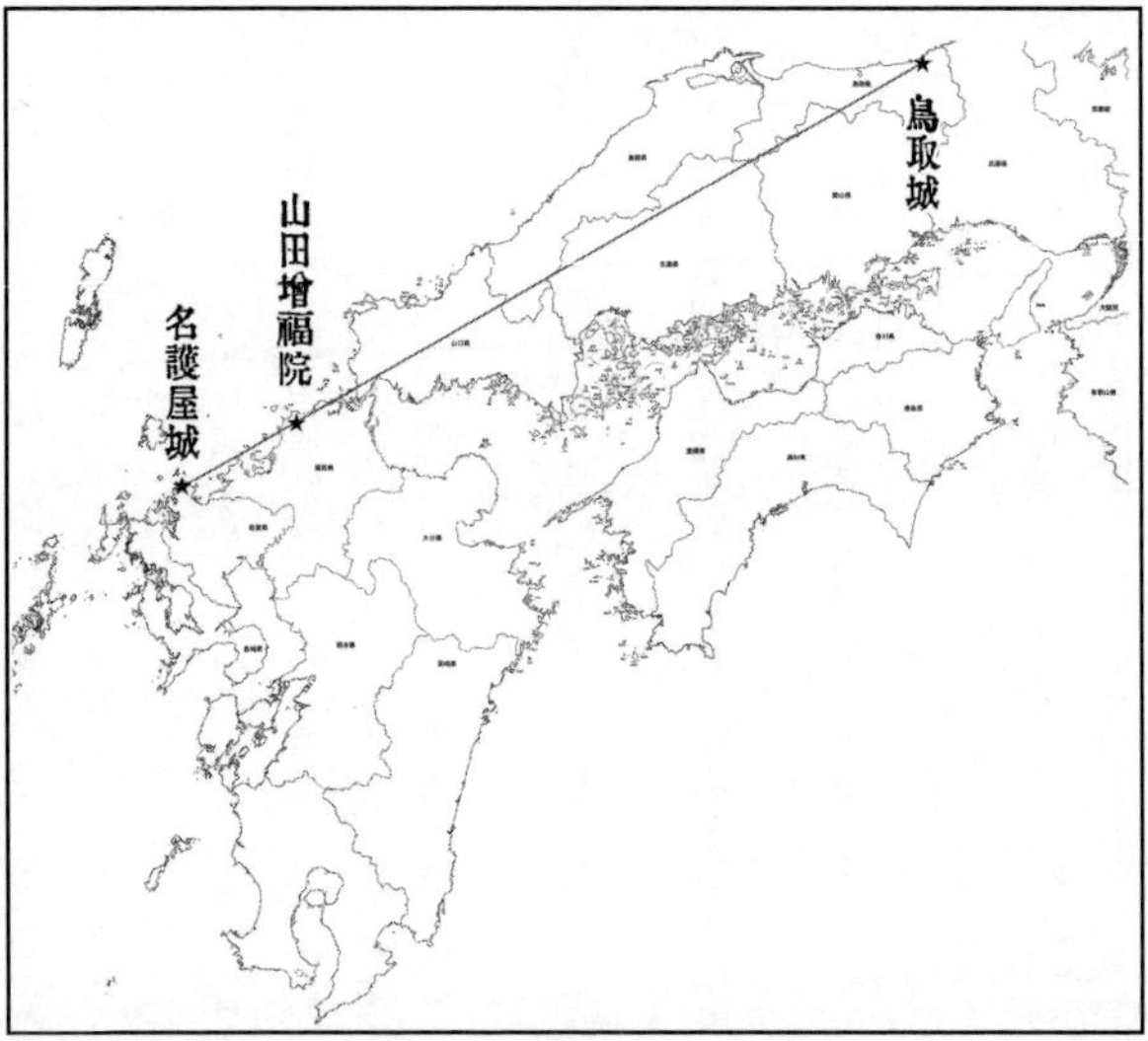

復興に尽力したのが建設省の計画局長だった石破二朗氏で、政治家の石破茂氏の父君です。

余談ですが、翌年の昭和二十八年に「日章丸事件」が起きます。出光興産社長の出光佐三氏が当時経済封鎖中のイランからゲリラ的に石油を輸入して、石油メジャーに一泡吹かせ、日本国民に快哉を叫ばせたあの出来事です。

そのタンカー、日章丸が神戸港を極秘裏に出港したのは、時に昭和二十八年三月二十三日午前九時のことでした。

……これは新暦なのですが、まあ偶然としても面白いと思います。

出光のタンカーにはお馴染みの地名などが付いていますので、少し御紹介しましょう。

一九七〇年（昭和四十五年）八月　沖ノ嶋丸（一世、当時日本最大）就航

一九七一年（昭和四十六年）十二月　大嶋丸　就航

一九八六年（昭和六十一年）十二月　松寿丸（二世）就航

この松寿丸の命名理由はよく分からないのですが、これは黒田長政の幼名と同じです。また、面白いことに毛利元就の幼名でもあります。

他にガソリンタンカーで、「第一宗像丸」という船があったのですが、この船は川崎市の運河でタラルド・ブロビーグ号というノルウェーの油送船と衝突しました。破孔からガソリン漏

れを起こして周囲の船を巻き込んで大炎上し、四十一人の死者を出す重大海難事故を起こしています。

昭和三十七年十一月十八日のことでした。

〈注1〉「火魔封火打釘」

黒田長政の命により、家老の栗山備後が式次第をとりまとめ、極秘に執り行われていた秘祭。後に火災防止が主眼となったが、元々は怨霊封じであった。

執行者は火消し装束に身を固め、燃えさかる忌火をひさごの水で消し、陣貝を吹いて火魔を払う。

更に、鎮火刀を持って四方を切り、最後に鬼面を書いた標的に対して火打釘（手裏剣）を打って鎮魂する。

紅梅姫

以上のように、宗像の怨霊伝説をここまで敷衍《ふえん》してきたのですが、実は北九州市のほうには「紅梅姫伝説」というものが伝わっています。

この話が、宗像の怨霊伝説、所謂「菊姫伝説」のプレストーリーの側面があるように思えますので、ここで御紹介したいと思います。

安川浄正氏著「幽霊は出る」の中に所載されているものが一番詳しいようですので、それを参考に記述させて頂きます。


こちらは、麻生氏の御家騒動から始まります。

現在の北九州市八幡西区にある花尾山には、平家滅亡以後に豪族となった麻生氏が城を構えていました。

その花尾城の城主は大内家の影響下にあり防州山口に居住して、城は子の麻生遠江守家信に守らせていました。

そして、山口にいる間に側室に子を産ませ、その子は成人して麻生上総介重郷と名乗ります。

城主は山口で死亡。大内氏は、この麻生上総介重郷に花尾城への入城を命じます。

麻生家信はこれを承知し難く、城に籠もって戦います。が、やがて形勢は不利となり、降参することになりました。

家信は遠賀郡吉木の城に引退し、重郷はこうして花尾城の城主となったのです――。


重郷はその後も足繁く大内家に御機嫌伺いに通ったが、大内義興《よしおき》〈注1〉もまた重郷を我が子のようによく可愛がった。

義興のところには故あって、京都の公家冷泉家の姫君、京都随一の美女と歌われた紅梅姫が養女として住んでいた。

重郷はその頃既に四十で正室もあったが、大内義興は美男の重郷には似合いだとして、紅梅姫を側室として与えた。

重郷は寵愛一方ならず、御殿を新造し全く入り浸りの状態になってしまった。当然ながら、正室の柏井御前は強烈な嫉妬に苛まれた。

そして、柏井は腹心の飯原金吾を呼んで策謀を巡らせる相談をする。

飯原金吾は大内家右筆の沢原市右衛門を呼び寄せ、紅梅姫の偽の恋文を作製するよう命じる。

そして、もっともらしく出来上がったそれを重郷に見せた。

単純な重郷は激怒し、紅梅姫を城から追放してしまう。

言い訳もさせてもらえなかった紅梅姫は近隣に侘び住まいしていたが、月夜になると月毛の愛馬を引き出し、現在の黒崎から上津役の辺りまで遠乗りする日々が続いた。

しかし、明応四年（一四九五年）八月十四日、悩み苦しんだ末、懐剣を胸に刺して自害する。

それから間もなく、飯原金吾は原因不明の高熱にうなされ、七転八倒した末に悶死した。

紅梅姫の住んでいた花尾城の御殿には、重郷と柏井の間に生まれた十六歳の八重姫が移り住んでいたが、突如短刀を抜いて母である柏井に襲いかかった。

「我は紅梅なるぞ。無実の咎を負わされて、去年の秋風とともに黄泉の奈落に突き落とされた。今こそ怨み晴らさんものぞ」

柏井の傷は浅かったが、七日後には怪死した。

八重姫の狂乱状態は度々起こった。その際には紅梅姫の幽霊が背後に現れ、追放の際に悪罵を浴びせた柏井の腹心達を苦しめた。

そして、八重姫の狂乱が治まると、幽霊はいつも月毛の馬に乗って蹄の音を響かせながら中空へ消えていった。

その馬に跨がる白衣の姿は、皓々《こうこう》と月が中天にかかる宵には、庶民にもありありと見えたという。

山口の右筆沢原市右衛門が使者として花尾城へ現れたのは、不思議にも紅梅姫三回忌の大法要の日であった。

形通り法要にも参加したが、気分がすぐれない。法要を終わって門を出る頃には、いつになく疲れていた。

そのとき。白昼であったが、何処からともなく蹄の音が近づき、一陣の風のように幽霊は現れた。

目にも留まらぬ早さでそれは駆け抜けたが、何人もが列を成した武士の中で、沢原市右衛門だけが頭を踏み割られて死んでいた。

麻生重郷は堂宇を建て紅梅地蔵を祀り、長らくそれは守られていたが、昭和二十年八月八日の八幡大空襲でその建物は焼き尽くされた。

地蔵は、現在は八幡西区浄蓮寺内の新紅梅地蔵堂に安置されている。

〈注1〉大内義興は大内氏第三十代当主。娘が大友義鑑正室となり、大友宗麟と大内義長（第三十二代当主）がこの二人の間で生まれる。

おわりに

ここでは、書き漏らしたことなどを追補していきたいと思います。

宗像社は、古代からその海岸に漂着する難破船（寄船）や漂着物（寄物）の権利を認められていました。

これは、九州北部のかなり長い海岸線一帯でそういう習わしがあったようです。当然、海底に沈んでいるものにもその権利が及んだと考えられますが、幾つか興味深い事例がありますので御紹介したいと思います。

宗像市の玄海地区に鐘崎という漁港がありますが、ここの最北端にある岬は文字通りの「鐘ノ岬」で、大昔大梵鐘を運んでいた船が難破し、その鐘が岬の先に沈んでいるという伝説の地です。

所謂「沈鐘伝説」というものですが、ここが他の同様の伝説を持つ地と違っていたのは、海底に沈んでいるそれらしき物が船上から見えるところでした。

室町時代に宗像神社大宮司興氏、そして近世には黒田長政が引き揚げに挑戦しますが、俄に嵐になったらしく失敗に終わったと伝えられています。

これに大正八年に、山本菊次郎という筑豊の石炭成金が挑みます。

とにかく破天荒な人物だったらしく、お祭り騒ぎが大好きで湯水のごとく金を使うことで有名でした。

この挑戦を宣伝し、地域を巻き込んでの大行列を行ったというのですから尋常ではありません。


膨大な経費と人力を注ぎ込んで、引き揚げ自体には成功するのですが、海上に姿を現したそれはただの巨大な岩塊でした。

引き揚げる途中で気が付かなかったのは不思議千万なのですが、結果は大失敗。事業的にもツキが落ちたのか、山本菊次郎の名はこの時期を境に高額納税者の名簿などからもふっつり消えてしまいます。

引き揚げられた巨大な岩は、今でも鐘崎の織幡神社境内に寂しく置かれています。


さて、バルチック艦隊壊滅の件は先に書きましたが、この艦隊には作戦費としてかなりの資金が金塊の形で積まれていました。

それが何処かに沈んでいるわけで、これに目を付ける人間は当然ながら出てくるのでした。

これの代表的な人物は、日本船舶振興会会長だった笹川良一氏でしょう。御存じ、競艇の祖であり、「日本のドン」とも言われた怪人物です。

ならば「ナヒモフ号」の一件かと、ピンとこられた方もおありでしょうが、笹川氏はまず島根県江津市真島沖三・七キロ、水深五十一メートル地点に沈んでいるバルチック艦隊特務艦

「イルティッシュ号」の引き揚げを試みています。

バルチック艦隊の「財宝」は幾つかの船に分散されていたとも言われ、この「イルティッシュ号」は、その候補の一つなのでした。

しかし、試みは失敗します。近年の水中撮影では、船体はほぼ骨組みだけになっており、腐食が激しく掬い所がなかったのかもしれません。

作業の時期は不明なのですが、江津市和木町の海岸に笹川氏によって一九五九年に建立された殉職者慰霊碑がありますから、その前後だろうと思われます。

何でそんなことをしていたのかは判然としません。が、この頃はまだ主たる事業の競艇の売り上げも不振で、資金不足を補おうとしていたのかもしれません。

ところが、高度成長の好景気に支えられて、これ以後、競艇の売り上げはうなぎ登りに伸びていきます。

笹川氏がバルチック艦隊の財宝のことを思い出すのは、昭和五十五年のことになります。既に長らくバルチック艦隊主計艦「アドミラル・ナヒモフ」の財宝の引き揚げを試みていた人物がおり、その成果を引き継ぐ形だったと言われています。

しかし、「ナヒモフ号」は「イルティッシュ号」のおよそ倍、対馬沖水深九十七メートル地点に沈んでおり、最新の水中機器や作業船が必要でした。

結果としては、金塊は発見されず、笹川氏は個人財産二百億円余りを注ぎ込んでしまったと言われています。

このように、玄界灘では貴重物の引き揚げがどうにもうまくいきません。

このバルチック艦隊の財宝の件では、残る候補は旗艦「クニャージ・スヴォーロフ」なのですが、この船は正に沖ノ島の近海に沈んでいます。


最後に、筆者の体験談を少し書いておきたいと思います。

「怨霊の平釜」の箇所でその釜の形が中華鍋のようなものだったのではないかと書きましたが、こういうことがありました。

まだ記憶に新しい、平成二十九年の九州北部豪雨のときのことです。

七月六日の午後、昨夜の雨で朝倉市辺りに大きな被害が出ていることはまだ知らずに、丁度「怨霊の平釜」のことを考えながら、停めた車の窓からぼんやりと外を眺めました。

その日は、たまたま所用で山田増福院が向こう側にある、孔大寺山の見える辺りを通っていたのです。

「平釜って、どんな形だったんだろう?」

その辺りの原稿を、この日の夜に書くつもりだったのですが、具体的な資料がなく困っていたのでした。

車を停めたのは遠賀川東岸の高台でした。異様に渦巻く曇天からは、小降りになっていたと思いますが、まだまだ執拗に雨が降っていました。

すると、見遣った先の孔大寺山は見たこともないような大きな白い笠雲に覆われており、まるで長円形の中華鍋のようなものを伏せた形でした。

「な……なるほど」

思わず、素直にそう口を突いて出ました。

メッセージ性をふと感じてしまったのです。

……しかし、この天候で、山にあんな形の雲がかかるものなのか？

空の色はどす黒くあからさまに異様で、うすら寒さを感じてそのまま家に帰りました。


夜になり、茶の間でテレビを点けると、水害の惨状をどの局も報道しています。

日田の彦山川が増水して荒れ狂っている映像を見て、

「そういえば、土橋氏康の彦山攻めのところで、大雷雨を書いたなあ……」

と、厭な気分で晩酌をして、二階に置いてあるパソコンのところに行きました。

行ったはいいのですが、酒が回って寝てしまい、起きたらもう午前零時を過ぎていました。

……いつものことなので、それはいいのですが、外は凄い雨らしく雨音が尋常ではありません。

また豪雨の追い打ちかと舌打ちしましたが、災害の殆どない北九州市に住んでいて良かったと思いながら、さほど深刻に感じずにパソコンに向かいました。

で、ぼつぼつとキーを打っていきます。

三時頃、目祐の祈祷が終わり、話の中で天候が急変する辺りで何だか急に気になって、気象庁のウェブページを開きました。

相変わらず、雨音は物凄く響いています。

雨雲レーダーのページを見ると……、沖ノ島の辺りから散々今日ニュースで解説していた「線上降水帯」が伸びて、北九州市に掛かっているではありませんか。

「えっ？」

自分がピンポイントで標的にされているような妙な気分になって、その画面をまじまじと見つめました。

「よりによって沖ノ島か……」

そうすると、雨を運んでくる積乱雲は水蒸気が対馬に当たってできていることになるのですが、これほど露骨に雨雲が襲ってくるような天候は、長らく同じ場所に住んでいますが、どうにも記憶にありません。

そして、ずっと画面を眺め続けていたのですが、「線上降水帯」は一向に崩れてくれないのでした。

仕方なく、何だか変な笑いを浮かべながら落ち着かない気分で続きを書いていたのですが、しかしまさかここまでこの怪談とシンクロした状況は何なのだと、そのことばかり考えていました。

ぐるぐると頭の中で、同じ思考が渦巻きます。

「……宗像の怨霊は、天候を操れる……？」

いや、たちまち一天俄にかき曇りなんていうところは、「九州一の怪談」著者の竹林庵主人氏の潤色だと思っていたのですが、いや、まさか。

もしそれができるのなら、鳥取大火の原因となったフェーン現象だって怪しくなってくるのですが……。

大雨のほうも変化がなく、これではさすがに気になって横になれず、その後はウェブのニュースばかりを見ていました。しかし、災害の進行中というフェイズでは、さっぱり情報が手に入らないことは、皆さんも経験されたことがあると思います。

やがて豪雨の中、それなりにうっすら窓の辺りに光が差して夜が明けてきました。

すると、スマホに近隣地域のエリアメールのコールが響き、七時には避難勧告、避難指示と立て続けに居住地関連のメールが入りました。

「でも、近くに川はないしな……」

最後の強がりを思った途端、パソコンのモニターの置いてある方向の窓から、「避難所を開設しました！」と、消防が指向性のスピーカーを向けたらしく凄い音量でその声が響きました。

そして、それからすぐに一階の玄関戸を叩く音。

「消防署です！　おられますか！」

慌てて出ると、前面道路……だった水路に腿の辺りまで水に浸かった消防隊員が二人います。

「避難所を開設しました！　今すぐ避難しますか？」

「え？　……いや、ちょっと様子を見ようかと」

「分かりました！　危ないと思ったらすぐに避難して下さい！」

幸い家は道路から段差のあるところに建っており、階段数段分なのですが、中にはぎりぎり浸水していませんでした。

「この辺全部、浸水しているんですか？」と訊くと、

「いえ、ここが一番深いくらいですね」とのこと。

……結局、水はぎりぎりのところまで来ましたが、間もなく引いていきました。

そのぎりぎり具合があまりにも絶妙で……。北九州市で二万二五四九世帯、四万九四〇四人いた避難指示対象の方々には悪いのですが……正直、「遊ばれているなあ」と思いました。

……そういうわけで、もはや宗像三女神の神威と殆ど一体化しているのではないかと思えるこの怨霊には、実はこの本を書かされているのではないか、とさえ考えさせられてしまっています。

他にも、そのせいなのではないかと思える私的な出来事があったのですが、これはとても、文章にできるような事象ではないので、墓場まで話は持っていこうかと思っています。

あと、これは話半分で聞いて頂きたいのですが、この原稿を書いていた平成二十九年の旧暦三月二十三日は、四月の十九日の水曜日でした。

この「三月二十三日」という日付に、筆者は原稿を練っているうちから敏感になってしまっていたのですが、このときは特に気にしていることがありました。

四月の十九日は、丁度トランプ大統領が北朝鮮問題に対して力の外交を始め、米空母カールビンソンが朝鮮半島に向かったはずが、インドネシア近くを航行していたとか、そういう時分なのですが、しかし、その日にはそんなに大きなニュースは特になかったと思います。

……ですが、宇宙では小惑星「２０１４ＪＯ２５」が地球に接近していました。

２０１４ＪＯ２５は、長径約六五〇メートル、ピーナツのような形をしており、アポロ型と呼ばれる地球より大きな軌道長半径を持つ地球横断小惑星です。地球横断小惑星というくらいですから潜在的に衝突の危険のある小惑星なわけで、事前にこのニュースを知ったときには実に厭な気分がしました。

アポロ型って出光のアポロマークを連想させますし、地球最接近は日本時間四月十九日の二十一時二十四分という、如何にも菊姫達が斬り殺されていそうな時刻です。

ＮＡＳＡの発表では、地球から約百八十万キロメートルのところを通過するとされ、衝突の危険はないという話でしたが、急にフラフラと軌道を外れて向かってきそうな気がして、その日は一日中落ち着かない気分で過ごしました。

結局、災禍はなかったわけですが、その準備は常に何処かでされているのかもしれません。祟りとか呪いというものは、よほどのことがない限り発動するようなものではないと思っていますが、それに触れた場合に思わぬ災いを呼び込む事例がこの本の内容の殆どでした。

その不幸に見舞われた人々と、そして最初に書かせて頂いたように、宗像大宮司一族の鎮魂と神域の安寧をお祈り致しまして、今回の筆を置きたいと思います。

附記

山田増福院四百五十年祭に合わせて刊行された「山田騒動の真犯人」という本がある。

著者の吉田虎雄氏は増福院の総代で、増福院関連の資料・文献をその本に纏められた。

本書でも大変参考にさせて頂いたのだが、その末尾の「あとがき」のまた後に「追伸」として、このようなことが書いてある。

追伸
この原稿を書き終えて、夜中の二時に左のようなお告げがあった。
山田の御殿に乱入し、（山田地蔵記の編集を志す）
その厚い壁にはね返された（真相を知る困難）
芦屋の釜が玉と砕け、その一握りの破片の意味するものは何なりや（少しでも役にたてば本望であった）

そして、感謝の辞へと続く。

吉田虎雄氏は、この本の出版の後、交通事故で亡くなられたと聞き及んでおり、当初はその取材などもするつもりであったのだが、そういうことは、むしろしてはならないことであると、筆者は書いていて理解したので、行わなかった。
……全ての怨念が、やがて癒やされますように

合掌

参考資料

書籍

九州一の怪談　竹林庵主人　善教堂書店

山田騒動の真犯人　山田虎雄　増福院

楢葉の末　田中嘉三　増福院

宗像の歴史　安川浄生　曹洞宗　安昌院

宗像の歴史散歩　安川浄生　宗像大社「宗像」編集部

幽霊は出る　安川浄生　みどりや仏壇店出版部

楢葉の露　上妻国雄　コロニー出版

福岡の怨霊伝説　伊藤篤　海鳥社

呪詛の時空　則松弘明　海鳥社

筑前戦国史　吉永正春　海鳥社

九州戦国の女たち　吉永正春　海鳥社

戦国時代の築前国宗像氏　桑田和明　花乱社

豊前の国英彦山　その歴史と信仰　長嶺正秀　佐野正幸　海鳥社
さまよえる英霊たち　田中丸勝彦　柏書房
黒田如水　福本日南　東亜堂書房
キリシタン　黒田官兵衛　雑賀信行　雑賀編集工房

キンドル

キリシタン武将　黒田官兵衛　西山隆則　黒田官兵衛生きるヒントラボ
戦国武将　本当にあった　怖い話　楠戸義昭　三笠書房

ウェブサイト

占部家系傳　http://www.urabe-roots.net/
正見行脚　http://blog.livedoor.jp/keitokuchin/
芦屋釜の里　https://ashiyakankou.com/ashiyagama/
茶道入門　http://verdure.tyanoyu.net/index.html
むなかた電子博物館　http://d-munahaku.com/index.jsp
宗像三神　住吉三神　https://www.google.com/maps/d/viewer?mid=1TlzaH_kvwp6wCOoW7xXZc8l6Ncc&hl=ja&ll=33.87171396852308%2C129.84819500000003&z=9

怨霊黙示録 九州一の怪談

2018年5月 5日　初版第1刷発行
2021年2月25日　初版第2刷発行

著者　菱井十拳
監修　加藤 一

カバー　橋元浩明（sowhat.Inc）
発行人　後藤明信
発行所　株式会社　竹書房
〒102-0072　東京都千代田区飯田橋2-7-3
電話 03-3264-1576（代表）
電話 03-3234-6208（編集）
http://www.takeshobo.co.jp
印刷所　中央精版印刷株式会社

定価はカバーに表示しています。
落丁・乱丁本は当社までお問い合わせ下さい。

ISBN978-4-8019-1457-5 C0176